Shinmai Sensho 信毎選書

もっと子どもたちと遊びたい！

信大ＹＯＵ遊の挑戦

中山万美子
Nakayama Mamiko

目次

プロローグ

第1章　「楽しいから学ぶんじゃん」　YOU遊未来　麻績……19

目標は「つながり」　20
楽しいから学ぶんだ　33
「私やめる」　40
気持ちが一つに　47

第2章　やりたい人がやりたいように　YOU遊未来　湯谷……59

「湯谷キャン」の魅力　60
プラザ長として　77

それぞれの立場と役割　89
湯谷で経験できること　96
なぜ「1対1でもいい」のか　110

第3章　「0を1に」―通学合宿をつくる　青木村えがおクラブ……115

プラザの始まり　116
最初の壁　126
通学合宿が始まった！　134
通学合宿その後　153

第4章　「ふるさと」に飛び込む　信州大岡ふるさとランド……163

始まりは秋　164
冬の間　173

春から夏　180
再び秋　190
年度末に向かって　200
ふるさとを離れて　206

第5章　天地に育まれるもの　信大茂菅ふるさと農場……209

農場の最後の年が始まるまで　210
茂菅14代がスタート　224
農業の奥深さ　236
作物を育てるということ　246
茂菅農場は終わらない　255
信大YOU遊　アウトライン……264

目　次

信大ＹＯＵ遊の真髄、ここに　土井進……270
あとがき

プロローグ

「信大YOU遊」の誕生

1993年秋—。

教育実習の事前・事後指導の授業を受け持っていた信州大学教育学部の土井進教授（当時助教授）は、衝撃を受けていた。6週間の教育実習を終えた何人もの学生たちが、「もっと、子どもたちと関わり合いたかった。もっと実習を続けたかった」と実習後のアンケートに書いてきたのだ。

「6週間もあったのに、子どもと関わる時間がなかった？」

教育実習は指導案や教材づくりに多くの時間を費やし、子どもと関わる時間があまり多くない。だが、その不満をこんなにも多くの学生が書いてきているのはなぜか。

考えられる一つの理由は、コミュニケーション力の不足。当時、学生たちが育ってくる過程で異年齢と遊ぶ機会や近所づきあいが少なくなり始め、外で思いっきり遊ぶという体験さえもない学生が増えてきていた。人との関わりの希薄さ、コミュニケーション力不足が叫ばれ始めていた頃だ。

もう一つは、学校現場での実践的な指導力をつけたいと思っているのに、十分に子どもたちと関われなかったという焦りだ。いじめや不登校などが増加する学校現場で、人と関わることが苦手なまま教師になれるはずがない。ましてや、子どもがわからないまま指導できるはずがないと、学生たちは自分に不足しているものを自覚していた。だから「もっともっと子どもたちと遊びたい」と熱望していたのだ。

この思いになんとか応えたい――。

使命感に燃えた土井教授が考え付いたのが「子どもたちにキャンパスに来てもらおう」という大胆な発想の転換だった。ちょうど段階的に始まった学校週5日制で、子どもたちの土曜日の居場所づくりが国民的課題となっていた。土井教授はさっそく学内外の了承を得るために自ら奔走し、学生たちに「子どもたちを大学に迎えて、自分たちのアイディアで体験的学習の場を設定し、指導を実践してみないか」と呼び掛けた。

教授の提案に36名の学生が手を挙げ、数学科4年の山口直行が実行委員長を買って出て、1994年6月6日に第1回実行委員会が開かれた。「信大YOU遊サタデー」の誕生である。

今では珍しくないが、キャンパスに子どもたちが大勢やってきて学生と遊ぶということは、当時の常識では考えられないことだった。全国的にも話題になり、文部科学省（当時は文部省）は「信大ＹＯＵ遊サタデー」をモデルにした取り組みをフレンドシップ事業と名付け、全国の教員養成系大学に推奨し始めた。

信大教育学部が１９９９年度、子どもたちと関わる実践的な授業や取り組みからの学びを重視する「臨床の知」を教育理念に改組し、「臨床経験科目」という４年間にわたる実践的な授業の体系化がなされたのは、信大ＹＯＵ遊が契機になっているという。

ところが、教育学部全体として子どもたちとふれあう授業や場が増えてくると、信大ＹＯＵ遊サタデーの当初の目的は薄れ始めた。また、１回のイベントに１００人〜３００人の子どもが参加するサタデーは、長野市の教育学部キャンパスや松本キャンパスのほか、県内各地で〝出張サタデー〟が行われていたため、学生たちの負担が大きくなり実行委員長を引き受けようという学生が現れなくなってきた。発足６年目にして、信大ＹＯＵ遊サタデーの継続には限界が来ていた。

その一方、学生たちの中に新たな視点が生まれていた。１年の時から熱心に参加していた野外教育専攻3年の杉山雅幸は、何度もサタデーに参加している子どもたちとのふれあいや、出張サタデーなどでの地域の人々との関わりから、「継続的な関わりを大切にし、地域からの要請に耳を傾けて、地域とのふれあいをもっと持つべきだ」と主張していたのだ。杉山の求める「地域」と「継続」というテーマは、土井教授自身が考えていたことと同じであった。

「サタデーのような一過性のイベントから、脱却しなければならない」

教授は活動の新たな方向性を探り始めた。

盛岡で見つけた転機

1999年7月、土井教授は岩手県盛岡市に向かっていた。食農教育に関わるシンポジウム「土から学ぶ子どもたちの未来」のパネリストとして招待されていたのだ。

シンポジウムで、同じパネリストの1人が宮沢賢治の詩の一節を朗読した。賢治が稲作指導、肥料設計などで農村を回っていた時に、青田の中で汗と涙を拭いている少年に対して掛けた、励ましの言葉がそれだった。

これからの本統の勉強はねえ
テニスをしながら商売の先生から
義理で教はることでないんだ
きみのやうにさ
吹雪やわづかの仕事のひまで
泣きながら
からだに刻んで行く勉強が
まもなくぐんぐん強い芽を噴いて
どこまでのびるかわからない
それがこれからのあたらしい学問のはじまりなんだ
(宮沢賢治『春と修羅　第三集』　稲作挿話から)

「ああ、そうだ、そうだ」

賢治の詩を聞いて、土井教授は直感する。

新しい教員養成の道は、荒廃地を開墾して農業に取り組む労苦の中から見出せるに違いない。今の子どもたちや大学生が、種をまき、作物を育てて収穫の喜びを実感するような農作業の体験を持っていることは稀だ。現代の青少年の人間形成は、大地に足がついていない状態にあるといえるのではなかろうか…。

「からだに刻んで行く勉強…」という言葉が、農家育ちの教授の体験と奥深いところでつながったのだ。

シンポジウムのその後の話を聞きながら、教授は「農業によって、子どもたちや学生たちの〝生きる力〟の源となる原体験を持つことが可能になる」と確信していった。それは、教員となる上でも重要な経験になるだろうし、農業であれば信州の地で1年間を通じた継続的な活動ができる、と。

帰りの車中、教授は自ら土を耕し、「人づくり」のための「土づくり」に挑戦しようと腹を決めた。同時に地域社会と連携しながら、年間を通じて継続できる活動に脱皮するイメージが、こんこんと湧いてきた。

茂菅農場と新生ＹＯＵ遊の始まり

教授は長野市に帰るやいなや、藤澤謙一郎学部長に相談し、農園づくりに取り組んでいた学生とＪＡ長野中央会を訪ねた。農地を借りたい旨を申し出るためだ。

「教育学部の教授が農地を借りたい」と言ってきたことは、ＪＡにとっては突拍子もないことで、最初はなんのことやら理解できなかったようだ。大学構内に栽培できる場所を確保すればいいことじゃないか、と思われたのかもしれない。ＪＡは「基本的に農地は農業経営者が借りるもので、教育や研究を主にしている人は借りることができない」として申し出を断ってきた。しかし、教授はあきらめなかった。

「10万人を超える小中学校の不登校生、学業にも職業にも就かない青年が50万人を超えるともいわれる青少年の教育問題は、１００万ヘクタールを超える有休農地を抱える農業問題と無関係であるわけがない。人と環境は一体不離で密接に関係しあっている以上、きっと目に見えない地下茎でつながりあっているに違いない。教育問題の解決に向かって、まず足下の農作業から取り組みたい。第一の目的は生産することでなく『人づくり』にある。教育にとって重要な取り組みであり、ぜひご協力願いたい…」と力説した。

教育学部のなかでは、生活科の和田清教授が土井教授と学生たちの取り組みに賛同し、ＪＡとの折衝を引き受け、農作業体験を「自然体験研究特講」「自然体験研究演習」という授業科目に位置付けられるよう動いてくれた。

そして何度目かの交渉の末、２０００年3月にようやく話がまとまった。決まったのは長野市茂菅地区にある休耕田。ＪＡが地主から農地を借り受け、収穫した米の一部をアフリカのマリ共和国に送る国際協力田と位置付けて、学生たちの農作業ができるようになった。

歴史をさかのぼると、茂菅地区は１９１７（大正６）年４月、信大教育学部の前身、長野県師範学校の附属小学校訓導であった淀川茂重が、同校主事の杉崎瑢《よう》の指導のもとに「研究学級」を開設し、その活動場所の一つだったところでもある。研究学級とは「教師たちが自分の給料の一部を出し合い、校長や主事が学校予算を内部的にやりくりして、教育研究のために増設した一学級」（中野光『教育空間としての学校』2001）であり、淀川がよく子どもたちと散歩に出かけ、地域観察をしていたのが、この茂菅地区であったという。土井教授は、研究学級の記述を見つけた時「不思議なご縁と大きな喜び」を感じたという。

土井教授のこの試みに対してＪＡは営農指導員の担当者をつけてくれたが、もう一つ、土井教授は地域の協力者を得ないことには農場を運営していくのは難しいと考えていた。

協力者を探していた土井教授が、ＪＡから紹介されたのが林部信造さんである。

林部さんは、長野県経済連（長野県経済農業協同組合連合会）を定年退職後、第二の職場、町内の公職などもすべて終えてちょうど70歳になったところだった。後は気楽に好きなことに生きがいを求めようと思っていた矢先の２０００年3月、土井教授と学生の杉山、ＪＡながの営農指導員の北村典子さんが訪ねてきたのだった。

土井教授から初めて話を聞いた時、林部さんは「大学生に教えるなんてとんでもない。お断りします」と即座に断ったという。しかし、指導者というよりはお手伝いだということ、そして「今の学生は頭でっかちで、汗をかくことを知らない、開拓魂を教えたいと思っている。あくまで学生が自主的にやるし、学生がやらなければいつでもやめる」という土井教授の言葉を聞いて、教授の人柄と熱意、その考え方に共感するようになっていった。

5年間休耕田となっていた長野市茂菅の農地は、草ぼうぼうで雑木まで生えていた。学生たちは草を取り、木の根を掘り起こした。高架橋の工事の砂置き場として使われていたところは、砂は片づけられていたがまるでグラウンドのように固く、普通の耕運機で耕すことはできなかった。雨が降るたびに少しずつ耕し、田んぼと畑を開墾していった。

ＪＡの北村さんが機械での開墾を提案しても、土井教授は「茂菅のコンセプトは、土づくりによる人づくり。そこは大事なところだから人力でやろう」と言い続けた。茂菅農場の初代農場長になった杉山は、「実際は少し機械を使ったところもありましたけれど、新しい鍬をそろえてもらって、5～10人がほぼ毎日開墾していました。関わったのは20人ぐらいかな。鍬を振り下ろして、石に当たると手がジンジンしてしまって。いつも土井先生が率先して進んでやっていました」と振り返る。

約2カ月後の2000年5月末、茂菅農場の開墾はほぼ終了し、いよいよ茂菅農場が始動した。6月10日には第1回の田植えに子どもたちが集まった。藤澤学部長も駆け付け、田植えに参加した。杉山たちは、子どもたちが楽しそうに苗を植えるのを見て、それまでの苦労が一気に報われた思いだった。

学生と子どもたち、土井教授、林部さん、そしてJAの指導員の人々も含め、茂菅農場で人と大地が足並みをそろえた。それは信大YOU遊の新しい時代の始まりでもあった。

農業を継続的な活動の足掛かりにしたいと考えていた土井教授はもう1カ所、茂菅とほぼ同時期に「牟礼ふるさと農場」も誕生させた。茂菅では主に田んぼ、牟礼村（現飯綱町）では畑でそばを育てようと考えていたという。牟礼村ふるさと振興公社から耕作できる農場を貸り、同時に牟礼西小学校、牟礼東小学校に協力を求めて子どもたちを募集。牟礼の農場は4年間続いた。

進化する信大ＹＯＵ遊

茂菅をはじめとする農場を足掛かりに、信大ＹＯＵ遊は2000年度の1年をかけて、サタデーのイベント的な性格からの脱却を図った。翌年の2001年、キャンパス内外で1年間の継続的活動を行う、という大きな特色を掲げて、信大ＹＯＵ遊広場《プラザ》に羽化した。〝広場《プラザ》〟とは、1年間にわたって継続的に体験活動を実施する学生たちの組織と、拠点のことを意味している。

実は、土井教授が「サタデーをやめよう」と学生に投げかけた時点では、「信大ＹＯＵ遊」という名称も、学生組織の在り方さえも継承されるかどうかわからなかった。サタデーの7年間、「信大ＹＯＵ遊」は「信大ＹＯＵ遊サタデー」そのものだった。土井教授は「信大ＹＯＵ遊」という名称にこだわっていたわけではなかったから、「信大ＹＯＵ遊」がこの時点で姿を消してもおかしくはなかった。

学生との話し合いが続いていたある日、杉山雅幸が『『サタデー』という形はなくなっても一向に構わないが、『YOU遊』を通して築かれてきた人と人のつながりだけは、どういう形であっても残していきたい」と熱弁をふるった。それは杉山だけでなく、活動に参加した多くの学生の思いを代表したものでもあった。この言葉に動かされた土井教授は、「何としても学生たちに『YOU遊』の精神を残す道を、開かなければならない」と決意したという。こうして、「信大YOU遊」の名称とスタイルはその後も継承されることになった。

その後、「信大YOU遊」はさらに地域社会との関わりを広げ、学生が地域社会で知恵と汗を流す活動としてスタイルを確立。2003年の第10期に「信大YOU遊世間《ワールド》」へと発展した。

そして2012年春、2年後に定年を控えた土井教授は、「信大YOU遊」の生みの親として「サタデー」「広場」「世間」と名付けてきた自身の役割を、学生たちに委ねることにした。

学生たちは自らYOU遊の活動を継承し、発展していこうとの願いを込めて、「信大Y

ＯＵ遊未来《Chance》」と名付けた。「信大ＹＯＵ遊」が、未来を創造する機会《Chance》になると信じて。
学生たちの新たな挑戦は、今もずっと続いている。

第1章

「楽しいから学ぶんじゃん」

YOU 遊未来 麻績

目標は「つながり」

瀬川と田辺

瀬川隆史（仮名）は信州大学教育学部3年だった2012年度、第19期YOU遊未来麻績《おみ》のプラザ長を務めていた。

専攻は学校教員養成課程の保健体育。小学校から高校までサッカーを続け、小学生の時には柔道で市大会3位、中学では市大会陸上100mで2位というスポーツマンだ。

松本市の信州大学松本キャンパスで一般教養課程の1年を過ごしたあと、長野市の教育学部キャンパスにやってきた2年生の春。たまたま見かけたYOU遊のガイダンスに参加した。先輩たちの紹介するYOU遊の活動がとても楽しそうに見えて、瀬川はとりあえずYOU遊に入ってみることにした。教育学部にはサッカーサークルがなかったのも理由の一つだろう。

YOU遊の活動を始めた2年生の春から、瀬川が通い続けたプラザが麻績だった。

東筑摩郡麻績村は、聖高原の南麓に位置する人口約3000人の村。古代東山道の昔から交通の要衝として栄え、江戸時代には善光寺街道の麻績宿として善光寺参拝客やお伊勢参りの人々のにぎやかな往来があった。村役場や学校は長野自動車道麻績インターからすぐ近くで、辺りは田園風景が広がっている。

麻績村では子ども育成事業として「おみっこ元気くらぶ」を開いている。外で連れ立って遊ぶことをしなくなった子どもたちに、地域と関わりながら心豊かにたくましく育ってほしいとの目的で、川遊びやキャンプ、軽い登山、昔の遊びなどを企画し、運営しているのだ。ＹＯＵ遊の麻績プラザは、この「おみっこ元気くらぶ」を手伝っていて、年間約20回ある活動のうち、４回を学生たちが企画運営している。

数多くあるＹＯＵ遊のプラザのなかでも、瀬川が活動回数の多い麻績を選んだのは、「子どもとふれあえるのも楽しいし、それだけじゃなくて村の人たちとのふれあいも楽しい」からだった。

ＹＯＵ遊に参加している学生のほとんどは「教員になるために必要だから」「大切な経験になるから」という思いを持っているが、瀬川の場合、ただただ子どもが好きだから参加していた。活動に行ってみると、やっぱり子どもたちと遊ぶのは本当に楽しくて、瀬川は結局、毎週のように活動に参加するようになった。

瀬川は子どもたちから「ごいち」というニックネームで呼ばれていて、瀬川が村に行くと「ごいち、きた～」と走ってくる子どもたちもいる。半年も通うと、初めはただやんちゃだった子が小さい子の面倒を見ていたりする。瀬川は成長する子どもたちを見ていると、愛おしくてならなかった。

この年、麻績の副プラザ長だった田辺菜緒は、同じく3年で、音楽教育を専攻していた。音楽科の女子学生たちは一見「華やか」「お嬢さん」というイメージがあるが、田辺はかなり〝骨太〟だ。瀬川が共通科目の授業で初めて田辺を見た時の印象も「髪が長くて、ふわふわしたスカートが似合う、女の子っぽい女の子という感じ」だったが、実際には文武両道、多才な学生だった。

田辺は長野県内の出身で、夏は農業、冬はスキーで生計を立てるという家で育った。冬は指導員の腕前を持つスキーヤーとして、父と一緒にスクールの先生も務める。絵も描くし、成績もよかった。両親に「2人姉妹で農家を継ぐのは難しいから、自立して生きていける仕事をしていくように」と言われていたが、はっきりとした将来の夢を自分自身で描かないまま、両親から、個性も生かせそうだからと勧められたのが教師だった。田辺は特に反発心を抱くこともなく、そのまま地元の信州大学教育学部に進学した。

ＹＯＵ遊に参加したのは2年になって、バレーボールサークルの先輩から「子どもたちと遊べて楽しいよ」と聞いたからだ。休日は暇だし、子どもも好きだから、スケジュールの空いている時に行ってみようかなあ、という気軽な気持ちだった。

そんな田辺が瀬川に初めて会ったのは２年生の初夏、麻績プラザの最大イベント「おみっこキャンプ」に参加する学生たちの初顔合わせの時だ。先輩たちと一緒に同じテーブルに着いた瀬川とは、話が弾んだ。瀬川の方もこの時、授業で見ていた田辺の印象がずいぶんと変わり、仲間としてやっていける手応えを感じたのだった。

正と副の立ち位置

麻績プラザで、その年の学生たちが初めて担当するイベントは、5月に行われる「おみっこパーティー」だ。麻績村の事業である「おみっこ元気くらぶ」開校式に合わせて行われ、活動に参加するのが初めての子どもたちもいれば、初めての学生たちもいる。楽しい活動にできるかどうか、その年の麻績プラザの試金石ともいえる大事なイベントである。

２０１２年3月下旬、正副プラザ長になったばかりの瀬川と田辺は、このおみっこパーティーで巨大すごろくをしようと計画を立てた。

巨大すごろくというのは、実写版のマリオパーティーといったイメージだ。麻績村の地図をすごろくに見立てて、ゴールを目指す。途中に、ゲームマスやボーナスマス、ワープマスなどを設置して、サイコロを振って出た数で止まったマスでお題をこなし、最終的にマスごとに割り振られたポイントや、お題のゲームで得点したポイントの高さで順位を競うというルールにした。

2人が考えた巨大すごろくは、人形や衣装など多くの〝物品〟が必要だ。4月7日のYOU遊発足式のあと参加学生を募集して、ようやくゲームの詳細な内容が決まったのが4月下旬。本番は5月の連休が明けたらすぐだ。瀬川は短い時間のなかで大量に物品を作らなければならないことが気がかりになった。物品作りは4年生が担当することになっているから、あんまり負担をかけたくない。それに瀬川自身、何かを作ることがけっこう好きだったのだ。

「どうやって作ろうかなあ…」

考え始めると、イメージがどんどん膨らんできて止まらない。ゲームの内容を決めた翌日、瀬川は生協食堂で仲間を誘い、「スーパーマリオブラザーズ」に登場する敵キャラ「ボム兵」を作り始めてしまった。黒くて丸い爆弾に足がついている。

「なかなか、いいのができた！」

できあがったボム兵を見て、瀬川はうまく作れた自分をちょっとほめた。すごろくで使うボム兵は、かなりの数が必要だ。瀬川は気合を入れて、さらに熱心に作り出す。だいぶ数ができてきたところに、偶然、田辺が友たちと一緒に食堂へ入ってきた。瀬川は田辺に駆け寄って、嬉しそうに声をかけた。

「菜緒、ボム兵、いいのができたよ！」

自慢げにボム兵を見せる瀬川。田辺はちょっと顔をこわばらせ、「あとで話そうね」とだけ言うと、食堂から出て行ってしまった。

えーっ、なんで物品作っているのぉ！　という感じでした。前の日にゲームの内容だけが決まったから、じゃあこれからどんな物品が必要で、どのぐらい経費がかかるか、誰に作ってもらうか相談して決めようと思っていたんです。それが、いろいろとゲームがあるなかで、何の話もしていないのにいきなり『ボム兵』だけを作っていて。私が生協に行った時には、もう何個も『ボム兵』ができていたんです（田辺）

田辺はずっとハラハラしていた。瀬川は、2人で話し合って決める前に、どんどん自分の感覚で進んでいく。田辺が了解していないことを次々に、1人でやっていってしまうのだ。

確かに瀬川は、2年生の初めから麻績プラザに通っている。村の様子や子どもの様子もよくわかっている。それにひきかえ、自分は2年生の夏にメイン企画の「おみっこキャンプ」に参加した後は、2回ぐらいしか麻績村に行っていない。だから田辺は、瀬川にリードしてもらうつもりでいたのだ。

しかし、数日前に行った参加学生への活動紹介の時も、瀬川は2人で話し合ってもいないことを、自分の考えだけで答えてしまうなど、リードというより暴走しているように思えて仕方がなかった。

何を目的にどう全体をまとめていくのか。瀬川はお互いの了解のもとに順序立てた計画に沿って進めるということができていない。

「このままじゃ、まずい…」

田辺が不安になっていた矢先、今度はいきなり「ボム兵」作りだ。

「もう、だめだ。今日は言おう」

目的と目標、計画、そして情報の共有

その日の夕方、瀬川がＹＯＵ遊の準備室に行ってみると、田辺が今までにない強い調子で瀬川にたたみかけてきた。

「物品は、見通しがついてから作りましょう。その前に決めることは山ほどあるでしょう…」

「どうして、相談して決めなきゃいけないことも決めないで、いきなり物品作り出したの！」

「こんなことやっている場合じゃないよね？」

おとなしかった田辺の突然の爆発に、瀬川はひるんだ。まるで先生か親か、とにかく年配の人から、ビシッと怒られたみたいだ。

言われてみると、確かに田辺に相談することもなく、やりたいことに走ってしまった自分は悪かった。そのことに、まったく気づいてもいなかったのだ。弁明の余地はない。

「ごめん」

瀬川が素直に謝ると、田辺もそれ以上の追求はしなかった。本番まで２週間余り。とにかく、あとはもう走らなければ間に合わない。

2人は、すごろく実施のためのチェック事項を見直し、細かいことを決めていった。役割を分担して、物品の経費を見積り、下見をして、安全面、不足分の確認をし、タイムスケジュールと人の配置を確定した。そして授業の合間を縫って集まっては、マップ、衣装、小物、大物、参加者のしおり、スタッフのしおりを作った。おみっこパーティー本番前の3日間、2人はほとんど寝る間がなく、当日の朝は4時まで準備に追われた。

スタッフとして参加する学生たちとの集合時間は朝7時40分。全員が数台の車に乗り合わせて麻績へ向かった。長野市の教育学部キャンパスから長野自動車道を使ってほぼ1時間。インターを降りるとすぐに、山の中腹に立てられた「聖」「高」「原」という一文字ごとの看板が目に入る。そろそろ田植えが始まる麻績村は、まだまだやわらかな新緑で覆われていた。いつもワクワクしながら麻績に来る瀬川も、この朝の道中はさすがに緊張していた。

開校式は地域交流センターで行われた。開校式が終わると、学生と子どもたちはそれぞれ班ごとに分かれて自分のおにぎりを握った。式では神妙な面持ちであいさつを聞いていた子どもたちも、開放された勢いでたちまち大騒ぎ。自分でつくったおにぎりをリュックに詰めると、いよいよお待ちかねの巨大すごろくゲーム「おみっこパーティー」に挑んだ。子どもたちのにぎやかな声が、だんだんと村の中を移動していった。

瀬川と田辺は学生スタッフと共に、大きな事故もなく、なんとか無事に最後まで巨大すごろくを終えることができた。

午後3時半を回ると子どもたちが帰り始める。何人もの子どもたちが「楽しかったー」と言いながら、手を振ってくれたのが、瀬川も田辺も他の学生たちも嬉しかった。「まずは、いいスタートが切れた」と瀬川は思った。

子どもたちが帰ったあとに行われる「リフレクション」と呼ばれる学生たちの反省会で、スタッフの学生たちから次々と意見が出された。

「企画が魅力的だった」

「子どもたちは競争しながらも譲り合いが見られた」

「低学年が光る、みんなが平等にできるゲームだった」

「学生全員が、村の道を把握していなかった」

「子どもたちの〝なぜ？〟を奪っていたのではないか？」

「学生同士の情報が共有できていなかった」などなど。

瀬川と田辺も、たくさんの忘れ物を含め、反省点は多かった。

しかし、リフレクションでの参加学生たちの話を聞きながら、それ以上に実感したのは、一参加学生だった前年とは全く違う「厳しさ」だった。このプラザで、子どもたちと参加する学生たち、双方が楽しめる充実した内容を考え、それを実行していくのは、正副である自分たち自身なのだと。

リフレクションのなかで、2人、特に瀬川が一番気になったのは、「学生同士の情報が共有できていなかった」という意見だった。

スタッフの間で情報共有ができていないと、参加学生がそれぞれの考えで動くため、行動に食い違いが生じてしまう。活動の目的や情報が理解、共有されていなければ、それに沿って考えることはできない。

瀬川は物品作りに走っていた自らの姿を振り返った。

「そもそも、俺らは正副の情報共有もできていなかった…」

瀬川は、田辺が「計画、計画！」というのが面倒くさいような気がしていた。しかし、活動の目的や目標のもとに計画し、情報共有の段取りをつけていくことは、何人もの学生たちが一緒に活動するためには、とても重要なことだったのだ。

僕はそれまで、活動は子どもが楽しければいいと思っていました。子どもと学生が一緒に楽しい時間を過ごせることが大切、楽しくなきゃＹＯＵ遊じゃないと思っていた。確かにそれはそうなんだけど、活動の目的や目標を持って、みんなで作り上げることができなければ、それはＹＯＵ遊の活動とは言えないんじゃないかと、この時初めて思いました（瀬川）

瀬川は目的と目標を言葉にして伝えて、スタッフ全員で共有することが、どれほど重要なことかを知った。そしてそれは、その後の活動の基盤になった。

一方の田辺は、やはり目的と目標、計画、情報共有が大切であるのだと、特に「目的は最重要である」ととらえていた。

田辺は開校式の数日前、前プラザ長だった先輩が言っていたことを思い出していた。

「おみっこパーティーで実写版のマリオをやるのはいいけど、なぜそれをするのか、目的は何なのかがわからない。まず、目的があっての活動だろう？」

それを聞いた瀬川と田辺が慌てて目的を確認し合い、参加学生たちにメールを送ったのは開校式の前日だった。

「麻績の活動では『つながり』を目標にしています。子どもと子ども、子どもと自然、子どもと学生のつながりを大切にしたいと思います」

私たちは、もっと学生が「つながり」という目標を意識できるように、企画を考えていかなくてはならなかったんだ。活動の目的を明確に設定すること、まず目的ありき。それこそが第一に大切なことなんだと、田辺は痛感した。

次の学生企画は7月のおみっこキャンプだ。おみっこパーティーが終わって1週間もたたないうちに、2人はさっそく「どんなキャンプにしたいのか、なぜ、キャンプをするのか」について話し合い始めた。

楽しいから学ぶんだ

肝試しはだめ？

瀬川と田辺は5月下旬、ＹＯＵ遊が担当する7月企画、おみっこキャンプの第1回学生スタッフ会議を開いた。

瀬川はまず、12年度麻績プラザの目標が「つながり」であるということ、今回のキャンプで目指すものを説明した。キャンプの目的として挙げたのは次の三つだ。

・子どもたち同士の譲り合いや思いやりが生まれること
・自然体験ができること
・親から離れて自主自立に向かうこと

また参加学生には、１人ひとり自分なりの目標を持って、みんなでキャンプを作る意識で取り組んでほしいと伝えた。前回のスタッフ会議と比べると、瀬川が参加学生に伝えたことは、格段に明確になっている。

キャンプの準備は、参加学生がそれぞれの担当する係を決めて、その係ごとに目的・目標に沿うような内容を考えて企画案を出す。正副プラザ長は、各係と調整をしながら、2次案、3次案と実施計画を進めていく。その年のキャンプの係は、開閉会の式、野外料理、キャンプファイヤー、肝試し、イベント、朝食&昼食、ゲームなどがあった。

係決めが終わったところで、肝試しの担当になった4年生が1人、田辺のところにやってきた。

「肝試しだけど、キャンプの目的を考えたら、他の企画、例えばナイトウォークとかの方がいいんじゃないかな。目的に沿った企画を係の方で考えてもいい？　子どもたちに何を学ばせたいかを考えたら、肝試しより、協調性とか絆を深める企画の方がいいと思うんだよね」


確かに先輩の言う通りかもしれない。肝試しは楽しいけれど、「つながり」という目的に沿うことを第一に考えたら、先輩の言う通りだと思いました。それで、私も先輩が言っていたことをそのまま隆史に伝えました。（田辺）

「いや、違う」

瀬川の答えははっきりしていた。

「先輩の希望は受けられないよ。３人で話そう」

先輩は、前の年も肝試しを担当していた。担当する係は、基本的に本人の希望に沿って決められるので、先輩がわざわざ肝試しの係に手を挙げたのは、逆に肝試しをやらない方がいいという考えがあってのことに違いない。

肝試しには確かにリスクが伴う。毎年泣いてしまう子や怖くて行けない子が出てくるなど、子どもたちの受ける衝撃は少なくない。そんなリスクを冒すより、もっと穏やかで楽しく、目的に沿った学びがある企画をした方がいい。係に任せて新たな企画を考えさせてくれ、というのが先輩の主張なのだろう。

しかし、たとえ先輩の主張が正論であったとしても、それを受け入れるわけにはいかない。瀬川は譲れなかった。

僕は、おみっこパーティーで、目的は大切だということを実感しました。だけど、ＹＯＵ遊は目的の前に、やっぱり楽しくなくちゃいけない。子どもたちから肝試しをやりたいという声をたくさん聞いていましたから、それをなくすことはできないと思いました。「去年は最後まで行けなかったけど、今年は絶対に行くんだ！」って、怖くて今まで行けなかった子が言うんです。子どもたちがこんなに楽しみにしている肝試しをやらない、子どもたちの気持ちに沿わない理由はない、と僕は思っていました

（瀬川）

目的より大事なもの

田辺は、目標や目的から段取りを考えていくことは、もっとも大切なことであると思っていた。おみっこパーティーでうまくいかなかったところは、まさしくそこにあったと思う。だから、先輩の話を聞いた時はもっともだと思ったのだ。

しかし、麻績村で聞いた子どもたちの声に応えなければ、という瀬川の思いはちゃんと子どもと向き合っている。こんなに誠実に子どもたちのことを考えている瀬川の気持ちは大事にしなければいけないのではないか…。田辺も、「肝試しやりたい、今年もやるよねっ!?」と言った子どもたちのきらきらと輝く目を思い出した。

その時、〝楽しい〟ことが一番だと思いました。おみっこパーティーの時も、企画側

からするとうまくいかなかったけれど、子どもたちは楽しんでいました。子どもたちの楽しみを奪っちゃいけない。私たちの考えた目的より、まずは子どもの「楽しい！」が初めになくてはいけないんだと思いました（田辺）

目的、目的って、こっちがこうしたいと思っても、子どもがそうしたいと思わなかったら、子どもは何も学ばない。学生にとっては目的に沿った活動ができて満足だとしても、子どもは楽しくなければ「楽しくなかった」っていう思い出が残るだけです。楽しいからこそ、学びがあるし、また次もやりたいって思うんです。ＹＯＵ遊の活動は、まず楽しくなければ意味がないと僕は思いました（瀬川）

子どもたちのことを話す瀬川は真剣だった。何よりも子どもを第一に考え、リスクを負ってでもそれをしようという覚悟を見て、最後は先輩も肝試しをすることに賛成してくれた。

田辺はこの話し合いの時、自分の教師への考え方が大きく変わっていくのを実感したという。

それまで私は、教師というのは、教え込むのが仕事だと思っていました。ＹＯＵ遊の企画の目的のように、このことを子どもに教えよう、学ばせようという、完全に上から子どもを見ている、子どもに学びを与えるのが教師だと思っていたんです。でも、子どもたちは一緒に遊んだり楽しんだりするなかでいろいろ発見していった。だから、子どもが自分から学びとっていく、進んでいくのを援助して、子どもが自ら成長しようとするのを手助けしていくのが教師なんじゃないかと思ったんです。それまで私は、学んでもらおうという目的があって、学ばせなきゃという意識に縛られていたと思いました（田辺）

漠然と教師になることを考え、教師のイメージを持っていた田辺にとって、それは革新的な出来事だった。

子どもの「やりたい！」という気持ち。「それに沿わない理由はない」という瀬川。やりたいと思った子どもの気持ちと姿勢が生かされて初めて、子どもは自分から学んでいく。子どもを尊重しようという瀬川の姿勢が先輩を動かし、田辺に教師のイメージを転換させた。

「ぼくら学生が楽しくなければ、子どもたちは楽しめない」
瀬川がずっと言っていたこの言葉に、初めて田辺は心からうなずいた。

ここから、だんだん自分も楽しめるようになっていきました（田辺）

田辺は、今度麻績に行ったら、子どもたちと思いきり楽しもうと思っていた。

「私やめる」

準備の掛け持ち

おみっこキャンプの準備が進み始めるとほぼ同時に、田辺の周辺はだんだんと忙しくなってきた。

田辺が専攻する音楽科は、毎年12月に定期演奏会を開く。この音楽科最大行事である定期演奏会の準備が始まったのだ。度量が大きく、しっかり仕事をこなす田辺は、会場係長という大役が決まっていた。会場係は、楽器の運搬、会場での配置・管理、ビデオ撮影などを担当し、リハーサル2回、本番1回の計3回分の計画と手配が必要になるので、その仕事量はかなり多かった。

「そろそろ始まったな」

瀬川は、田辺が忙しくなるということを知っていた。

まだ2年生だった2月に、瀬川が麻績の副プラザ長を頼んだ時、田辺はすでに定期演奏会の会場係の係長をやることが決まっていた。「定期演奏会の会場係の仕事があるから、準備が忙しくなる時期は、あまりできないと思うけど、それでもいい？」と言っていたのだ。

瀬川が田辺を誘ったのは「田辺とならやっていけそうだ」と思ったのはもちろんだが、可能性のあるほかの学生たちはすでに所属先が決まっていて、田辺しか頼む相手がいなかったのもある。だから、「ＯＫ」と言ってくれたことで十分だった。元々はプラザ長の自分１人でもやっていこうと思っていたから、田辺が忙しくなったら、その分は自分が頑張ればいいと考えていた。

６月に入ると、定期演奏会の準備で田辺は日増しに忙しくなっていった。

おみっこパーティー以来、瀬川と田辺はお互いの得意分野と苦手分野それぞれを生かし、うまくカバーしながら仕事を進めていた。瀬川は、田辺が担当していた会議の段取りや記録のほか、パソコンを使う書類作成にも取り組むことにした。実は瀬川はパソコン仕事が苦手だったのだが、忙しくなるばかりの田辺をカバーしようと、２人分の仕事を必死に頑張った。

田辺は焦っていた。演奏会の仕事は、音楽科の本業だからやらないわけにはいかない。

同じ担当になった人もそれぞれに忙しく、結局、係長である田辺が1人でやらなければならないことが多かった。だが本当のところ、田辺はおみっこキャンプの準備をしたかった。今までよりぐんと楽しくなってきたのだ。これから本領発揮という時に、わかっていたことはいえ、こうも見事に重なってくるとは…。

田辺はなんとか話し合いには出席していた。2週間に1度の全体会で話すために必要な正副の打ち合わせは、授業の空きコマの時間を使って瀬川と話すことで確保した。ただ、田辺は音楽のほかに副免で国語も取っていたため授業数もかなり多く、空いているコマはわずかなものだった。

大学では授業の空きコマをYOU遊の話し合いに費やし、音楽科の会場係の仕事は家に持ち帰る…。田辺はそれでもう、目いっぱいだった。

キャンプの各係案は、係が提出した案を正副プラザ長がチェックして戻し、再度提出をしてもらいながら、だいたい4次案まで出して完全な企画に仕上げる。田辺は、瀬川と一緒になんとか1次案まではチェックした。正副の仕事だと自覚していた田辺が、自分もやるものだと思っていたからだ。

しかし瀬川は、あまりに大変そうな田辺を見て、「いいよ、忙しいんだから。俺やっとくから」と2次案からは自分1人でチェックをしてしまった。

瀬川が2次案を見事にチェックして、全体会で配布するための印刷まできちんとこなしたのを見て、田辺はショックを受けた。その後の3次案も同様に瀬川がこなした。田辺は自分がまるで役立たずのように思え、ますます焦りが募ってきた。

もうピークでしたね。私はいらないんだと思いました。演奏会は12月でしたから、その間際になればもっと忙しくなるので、もう、私はやることがないと思いました。徐々に私は、「おみキャンが終わったらやめよう」と思い始めていました（田辺）

ＹＯＵ遊の仕事がしたい！

一方の瀬川はかなり無理をしていた。

相当にきつかったです。元々パソコンは苦手でしたから、打つのも遅いし、集中力は続かないし。僕にとっては膨大な量をこなさなければならない。ほんとに。1人でやっているという不安もありましたから、精神的にもきつかった（瀬川）

それでも瀬川は、田辺に心配をかけたくなかったので、平気な顔をしていた。次第に田辺は、瀬川に負担をかけている負い目と両立できない自分が情けなくて、「ごめんね」を連発するようになった。

話し合いに来ても、「ごめんね、私、何にもやっていなくてごめんね」ってそればっかりになっていました。かなりキテいたと思います。そんな感じでしたから、僕も「大丈夫、大丈夫。やっておくから」って言ってしまって。今から思うとそれがいけなかったんだと思うのですが（瀬川）

そしてとうとう、おみっこキャンプまであと10日という段階になって、田辺は言った。

「私、おみキャン終わったらやめるわ。誰かもっと手伝ってくれて、仕事できそうな人がいたらその人にお願いした方がいいよ」

田辺の言い方は、精神的に参っていたとはいえ、しっかりした口調だった。

「えーっ！　何言ってるの！」

瀬川は動転した。田辺が大変だから、彼女がやめなきゃならない事態にしないために、頑張ってやってきたのだ。瀬川は意味がわからなかった。

「私、何にもできないし、していない。隆史１人でできているし」

「今は、なんとかやっているけど、ずっと俺１人で、このままやっていくのは無理だよ。菜緒がいたから、やって来られたんだよ。今さら、他の人に副をお願いするなんてできない。どうしてやめるなんて言うんだよ」

焦った瀬川は必死に止めた。

「おみキャンまでもうすぐなのに、私、副だけど何にもすることないんだよ。私がいなくてもできてるじゃん。私、いらないじゃん」

田辺の言葉はほとんど悲鳴に近かった。瀬川はようやく田辺の本心に気がついた。

「それって、仕事をした方がいいっていうこと？」

田辺はうなずいた。

おみっこキャンプの仕事がしたいという田辺の気持ちに沿うよう、瀬川はパソコンの仕事をいくつか頼んだ。それで田辺も少し落ち着いて、しばらく一緒に仕事をすることにした。

各係の案が決まり、それをもとにタイムテーブルを確定。名簿、グループ分け、しおり作成などなど。キャンプ5日前には下見とリハーサルで現地へ行った。麻績村の教育委員会スタッフと最終の打ち合わせ。計画に修正を加えて、持ち物リスト、名札作り…と、2人とも当日の現地入りまでに終えておかなければいけないことを必死にこなしていく。

キャンプ前1週間は、田辺も音楽会の準備を後回しにしておみっこキャンプに集中した。もちろん、まともに寝る時間はなかった。

気持ちが一つに

キャンプ初日

おみっこキャンプは1泊2日の行事だが、麻績村教育委員会と学生たちからなるスタッフにとっては、準備のためにさらにもう1日前の前泊から始まる。

キャンプ前日の午後4時30分、先発隊19名が数台の車に分かれて、長野市の教育学部キャンパスを出発した。あとから来る学生を含めると、その年のキャンプに関わる学生スタッフは総勢28名だった。

正副プラザ長は、先発隊として会場に到着。会場の聖高原キャンプ場には教育委員会のスタッフたちが出迎えてくれている。車から降りると、市街地とは違っていくぶんひんやりした空気を感じた。

学生たちは係ごとにバンガローに分かれ、荷物を置いてから、それぞれ初日のための準備に取り掛かった。

この日は、後発隊の学生たちが来たところで夕食、入浴、ミーティングが行われた。前年のキャンプでは学生がほとんど寝られなかったことが反省事項に挙がり、「今年は寝られるキャンプを目指そう！」ということになっていた。

しかし、瀬川は眠れない。明日の準備や段取りのこと、それに田辺が言ったことが心の奥にずっしり横たわっていたからだ。

この1週間、瀬川は「やめるなよ！」と何度も田辺に訴えていたが、田辺は「やめないことにする」とは、はっきり言わなかったのだ。

「おみキャンが終わったらどうなるんだろう…」

本当はものすごく不安だった。だが今はキャンプに集中しなければならない。

瀬川は自分に言い聞かせて、田辺のことはできるだけ考えないようにし、準備や仲間に気を配るように努めていた。

翌朝、いよいよキャンプが始まった。

学生たちは5時30分に起床。正副プラザ長の2人は、その30分前に支度を終えていた。

瀬川は前日のミーティングで、参加学生の1人ひとりがしっかり、目的と目標、各自がや

おみっこキャンプ１日目。竹製の流しそうめん台のできあがり

ることを自覚できたと思った。おみっこパーティーの時とはあきらかに違うのだ。学生たちは、麻績村の人たちが朝食にと作ってくれたおにぎりをほおばった。

初日は、開会式、アイスブレイク、課題解決ハイキング、昼食（持参のおにぎり）、竹を使って流しそうめん台作り、野外炊飯、夕食、キャンプファイヤー、肝試し、そして午後9時に就寝、という盛りだくさんなスケジュールだ。

8時になると子どもたちがやってきて、いよいよ学生スタッフの気合が入った。

「ちょっと肌寒い日になってしまったが、まず、問題ないだろう」

起きた時から、瀬川は軽い頭痛を感じていた。「まあ、このぐらいなら」と思っていたのだが、昼過ぎ頃からだんだん頭痛がきつくなってきた。田辺に言おうか…、との考えが頭をよぎる。

「いやいやそれはできない。ここで菜緒に負担をかけたくない。今までやってきたことをこんな頭痛なんかでつぶしたくない…」

結局誰にも言わずに、なんとかこらえていた瀬川だが、それも午後7時を過ぎると、限界が近くなってきた。教育委員会のスタッフ小松小百合さんは、そんな瀬川の様子を心配していた。

小松さんと瀬川は、肝試しの最中に無人になったお屋敷の玄関のお札を張り替えるという役を担当していた。そのために茂みのなかに隠れていたのだが、その時にもう、瀬川はそこにうずくまっていて立てない状態だった。

瀬川さんはいくらか熱っぽくも見えて、額に触って熱を確かめようとしたら、「いやいや、大丈夫です、大丈夫です」って振り払うようにして。もう、精一杯だったと思います。でも、子どもたちの前ではちゃんとしていたんですよ。それからしばらくして子どもたちが寝てから、私がちょっと調子が悪くなった子どもに付き添って救護用のバンガローに行ってみると、そこに瀬川さんが床に突っ伏して寝ていたんです（小松）

小松さんは、瀬川にそっと毛布をかけてやった。

あの時は、他の人に見つからないようにちょっとだけ休むことにしたんです。いつも腹が痛いとか、頭が痛いとか、そんな時ちょっと休むとすぐ直るんです。でも、ちょうど休んでいるところを先輩の1人に見つかってしまって。「お前はいいから、寝とけ」と言われて。少ししたら起きるつもりでタイマーをかけて寝ていました（瀬川）

プラザ長として学生たちから信頼を集めている瀬川が倒れたと聞いたら、他の学生たちは動揺するに違いない。先輩は田辺や学生には言わずに、とりあえず小松さんとは別の教育委員会のスタッフに瀬川の状況を伝えた。

教育委員会のスタッフから事情を聞いた田辺は、一瞬動揺する。

「隆史は、私には何にも言わなかった」

10日前に「私はいらない」なんて言っていた自分。瀬川はどれだけ苦しかったことか。

田辺は今、自分こそがやらなければならない立場に立たされたことを悟った。

「隆史がやってきたことを、今やれるのは私だけだ」

田辺は覚悟を決めた。


「お前は1人じゃない」


まずはとにかく、予定通りに明日のミーティングをしなければならない。

「あれっ、隆史は?」

集まった学生たちは瀬川がいないことに気づいて、ざわつき始めた。

「隆史はちょっと調子が悪くて休んでいますが、ミーティングを始めます」

田辺が緊張した面持ちで言うと、学生たちはすぐに事情を飲みこんだ。あれだけ頑張ってきたんだ、こういうことがあってもおかしくはない。

隆史が倒れてみんなの雰囲気が変わりました。みんなは「菜緒1人でもなんとかできるようにしなくっちゃ、隆史がいない分、自分たちが頑張らなくちゃ」って思っていたと思います。隆史の気持ち、これまでの頑張りを無駄にしちゃいけないって、みんなの心が一つになっていったのを感じました（田辺）

学生たちは、みんなわかっていた。瀬川が麻績プラザを思い、子どもたちを思い、どれだけこのキャンプにかけてきたのか。だから、ここ一番の準備を瀬川自身ができないことで、おみっこキャンプがだめになってしまう、なんてことはあってはならなかった。

瀬川の分まで、自分たちがおみっこキャンプを盛り上げなくちゃいけない。

ミーティングでは、翌日のタイムスケジュール、各係の流れ、メインゲームの安全面、緊急時の対応などについて確認した。田辺は気丈に、一つひとつ、やらなければならないことをこなしていった。だが、「自分1人でやらなくてはいけないんだ」という不安と重圧で、気持ちが押しつぶされそうになっていた。

ミーティングが終わって係ごとの準備が始まった。

田辺は、係ごとの学生たちと教育委員会のスタッフたちの動きをすり合わせ、注意事項などを話し合い、それらを現場で打ち合わせやリハーサルをしている各係の学生たちへの伝達に走り回った。

教育委員会のスタッフの人たちは、「1人で抱え込むな、お前は1人じゃないんだぞ」と言って、ずっと私のそばにいてくれました。嬉しくて、ウルウルしました。学生のみんなも気を遣ってくれて、「あんまり無理しないで、寝てね」と置き手紙してくれたり。だから、私は辛くはなかったんです。ありがたいなって、温かい気持ちでいられました（田辺）

それでも田辺は2人分、しかも絶対の信頼を集めていたプラザ長の代わりを務めなくてはならないと必死だった。状況把握、連絡事項の伝達、足りないところへの手伝いと、とにかく動き回った。

キャンプ2日目

翌朝、瀬川は5時に目が覚めた。

「えっ、マジ!?　やっべぇ」

頭のなかが真っ白になった。かけておいた目覚ましにも気づかず、爆睡していた。

瀬川は起き上がって、すぐに田辺を探した。田辺は机に突っ伏すようにして寝ていた。


「おはよう。準備やっといたよぉ、大丈夫？」

目を覚ました田辺が心配そうに聞いてきた。

「ごめんなさいっ。申し訳ないっ」

瀬川は思いっきり謝った。

それから寝かせておいてくれた先輩に「申し訳ありませんでした」と謝りに行くと、「よっ、おはよう。今日も頑張ろうな」とまるで何事もなかったように話し掛けてくれた。

他の学生たちも瀬川を見て、いつもの雰囲気で「おはよう」と声を掛けてくれた。


「えっ、みんな、俺が寝ていたことを知らないの？」って一瞬、思いました。誰も、一言も「お前、大丈夫か？」なんて言わないんです。僕はもう恥ずかしくってしょうがなかった。みんな夜中まで準備して、僕が起きた時にはもう動き始めている学生が

いたから、今頃ノコノコ起きてきてって。でもみんな、そのことにはほんとに一言もふれなかったんです（瀬川）

瀬川は、みんながどれだけ自分を気遣ってくれているかを知った。もし、みんなから「大丈夫か？」と声を掛けられたら、「心配かけてしまった」という後悔の方が大きくなったかもしれない。この時は「申し訳ない」という気持ちよりも、「とにかくみんなの気持ちに応えよう、頑張ろう」と思った。

いよいよ、キャンプのメインゲーム「逃走中！」が始まった。子どもたちはざわめいていて、ワクワクそわそわしている感じが伝わってくる。夜中に必死になって学生たちが準備したのも、子どもたちのこういう気持ちに応えたい一心からだ。

子どもたちは班ごとにフォローする学生と、ゲームの世界に入り込んでいった。王様、お姫様、家来や村の人に扮した学生たちが登場し、ゲーム全体の物語へと子どもたちを誘い込む。ハンター役の学生たちに追いかけられたり、逆にちょっかい出したり、子どもたちは勇者の1人になって、仲間と力を合わせながら、ゲームの課題をクリアしていく。村

キャンプを終えた学生スタッフたち。みんなの気持ちが一つになった瞬間だ

営の広い庭園のあちこちから、子どもたちの笑い声と叫び声が途切れることなく響いていた。

僕はもう頭痛もなく、すっきりしていましたから、２日目は〝爆発〟しました。僕自身は目指した通り「寝られるキャンプ」になりましたし…（笑）（瀬川）

あの時は本当に、みんなの気持ちが一つになったなあと思いました（田辺）

目的、目標、計画、段取りはもちろん、子どもが楽しいと思うこと、そしてスタッフの気持ちが一つになること。初回のおみっこパーティー以上に、多くのことを学んだおみっこキャンプが終わった。

終了後のリフレクションでは大小さまざまな反省点が挙げられたが、瀬川はメモの一番最初にこう書いた。

「学生同士のチームワークがキャンプに現れていた」

瀬川は、晴れ晴れとした田辺の顔を見て、「もうやめると言うことはないだろうな」と確信した。

第2章

やりたい人がやりたいように

YOU 遊未来 湯谷

「湯谷《ゆや》キャン」の魅力

湯谷小子どもランド

小谷和也（仮名）は、学校教育教員養成課程で理科を専攻している2年生。松本市から長野市の教育学部キャンパスに移ってきたばかりの2011年4月、仲間と一緒に信大YOU遊のガイダンスに出席した。

小谷は高校生の時、生徒会役員として学園祭の企画運営に携わったことがあり、仲間と活動する楽しさを知っていたから、入学早々、信大の1年生がつくるお祭りの実行委員に立候補した。お祭りは6月。実行委員のメンバーは、まだ大学の授業にさえ慣れていないうちから、連日深夜までの企画や作業をこなすのだから、自然と強い絆が生まれる。

1年の秋、小谷はそんな仲間たちと一緒に、子どもたちをキャンパスに招く、YOU遊最大のイベント「信大YOU遊フェスティバル」に参加した。そこで先輩たちから聞いたのが「湯谷キャン」の話だった。「2年だけでつくるから、やりがいがあってすごく楽しいキャンプだよ」と。小谷は「それなら来年は絶対、湯谷キャンに参加しよう」と思っていた。

小谷は、ＹＯＵ遊の活動全体にも興味があったので、ＹＯＵ遊のガイダンスがとても楽しみだった。ガイダンスで聞く先輩たちの話には、ワクワクさせられた。ガイダンス後に湯谷キャンのスタッフメンバーの募集があると聞き、小谷は迷わず応募した。


湯谷キャンは、信大ＹＯＵ遊のプラザの一つ、「湯谷小子どもランド」で行う「湯谷小子どもキャンプ」の略称だ。毎年7月初旬に1泊2日で開催されるキャンプで、場所は国立妙高青少年自然の家。およそ40人の子どもたちと、保護者、就学前の弟や妹たちが一緒に参加する。学生も含め総勢１００人以上が参加する大イベントである。

湯谷小子どもランドは、教育学部キャンパスから5キロ離れた檀田《まゆみだ》地区センターをベースに活動しているサークルだ。小学校の週5日制が段階的に始まった１９９２年から、子どもたちの土曜日の居場所をつくろうと、保護者有志が結成した。当初は保護者だけが活動内容を企画し運営していたが、長野県短期大学（県短）の学生が手伝いに行くようになり、そのうちに信大の学生も活動に参加するようになった。そのなかに信大ＹＯＵ遊の学生がいたことから、２００２年、信大ＹＯＵ遊のプラザの活動が始まった。

その年から、それまで保護者たちが企画して行ってきた恒例の夏キャンプは、学生たちが企画から運営までを担当することになり、県短と信大の合同チームが誕生した。

ＹＯＵ遊のプラザとして活動が立ち上がった当初は、キャンプ以外の活動は、保護者が企画していた。学生にとってみると「行ってみないと何をやっているのかわからない」という状況で、プラザ長が参加者を募るときに活動内容を説明することもできず、まとまったプラザとして活動するには不都合な状態だった。

一方の保護者の中には企画が得意な人もいるが、苦手な人たちもいる。活動の企画を苦痛に感じて、「子どもには参加させたいんだけど、参加できない」という声も上がっていた。

湯谷小子どもランドで、信大ＹＯＵ遊のプラザが始まる前後に保護者代表を務めていた中谷秀隆さんは、「どうすれば、保護者と学生が一緒にやりやすいか、を求めてきた結果が、こうした形の連携になった」という。

中谷さんは大学生協で仕事をした経験があって、信大生なら、湯谷小子どもランドの活動を運営するぐらいの力があることはよくわかっていたし、「学生は知恵と汗を出す」という土井教授の言葉からＹＯＵ遊の学生たちの立場もわかっていた。だが、学生たちの実情を知っているだけに、年間を通して学生たちに任せていくのは、彼らの負担が大きくなりすぎはしないかという懸念もあった。

そんな中谷さんを動かしたのは「企画からやってみたい」という学生たちの情熱だ。学生たちのエネルギーを感じた中谷さんは、保護者たちに提案し話し合い、〝活動の場〟は保護者が支えるから、後は学生さんたちに自由にやってもらいましょう、と、学生たちに土俵を明け渡すことになったのだ。

湯谷小子どもランドのプラザが始まって４期目の２００５年の活動から、企画と運営は学生が担い、保護者は会場確保、会計の管理、連絡や参加者の集約をすることになった。信大ＹＯＵ遊第21期の２０１４年は、野外炊飯、釣り＆バーベキューなど一部に保護者企画があるものの、年間10回は学生たちが活動を企画運営している。

初めて年間を通じて学生企画を任されることになった代のプラザ長は、次のように書いている。

（前略）活動を振り返って一番よかったと思うことは、「今年はすべての活動を学生企画で行った」ことだと思います。それは、学生の企画力・運営力・実行力がついたこともちろんですが、子どもたちにも変化が見られたからです。去年、わぁわぁ騒いでいて、なかなか人の話を聞けなかった子どもたちが、今年は話をする人を見て、聞けるようになったり、やんちゃで学生を蹴ったり、（中略）今年活動を重ねるごとにだんだんそのような行為が減り、落ち着いてきました。（中略）「自分たちが活動を動かす」という意識が自信と勇気になって、子どもたちへ一歩踏み込んだ関わり方ができるようになりました。（中略）この私たちの変化が子どもたちに伝わり、お互いに良い関係が築けました。（鈴木春菜・「平成17年度『信大ＹＯＵ遊世間』教師教育学研究第12集」より抜粋）

手さぐりの準備

２０１１年5月のゴールデンウィークが明けると、ＹＯＵ遊第18期湯谷小子どもランドの初めての活動があり、もちろん小谷も参加した。最初の活動のテーマは「アイスブレイク」。子どもたちにとっても、学生たちにとっても初めての出会いであるので、お互いの緊張や硬さをほぐすための活動だった。

小谷は、まず全体の人数が多いのと、ワサワサと落ち着きなく騒ぐ子どもたちに少し驚いていた。県短の学生が多いせいか、女子が圧倒的に多いし、子どもより学生たちの人数が多いぐらいで、子どもと関われない学生もいるようだった。

小谷は１年の実習で教育学部附属松本中学校に行き、ＹＯＵ遊フェスティバルやＹＯＵ遊のプラザの茂菅農場にも参加していたが、そのどれとも様子が違う子どもたちに戸惑った。どうやって話しかけようか、どう相手になればいいのかと迷いながらで、楽しい活動とは言い切れなかったが、いやな思いはなく「次はこうしたらいいかな」などと、活動を振り返りながら帰った。

数日後、アイスブレイクの前に発表されていた湯谷キャンのスタッフメンバーの初めての話し合いが、教育学部キャンパスで開かれた。

メンバーは信大の２年生が20人と、県短の１年生が20人。いつもは索引役の信大の３年と県短２年の正副リーダーは、企画から実施までの進め方を伝えるだけ。湯谷キャンのすべてを実行部隊の２年生と１年生に委ね、あくまでもフォロー役に徹するということだった。

話し合いの結果、小谷の親友、信大2年の羽生英太（仮名）がキャンプ長になった。副は石原麻紀（同）。県短側は1年の澤田留美（同）と青木千佳（同）が務めることになった。キャンプのメンバーは、それ以降、ほぼ毎週話し合いが持たれ、全体の進行状況の確認、係ごとに話し合いが行われた。正副キャンプ長は、週に2～3回は話し合いをしなければならず、県短の澤田と青木はその度に40分かけて、県短キャンパスから信大教育学部キャンパスまでを歩いて通った。

初めてキャンプのメンバーが集まった時、私たちは、子どもたちのことをまだ何も知りませんでした。1回の活動でしか会ったことがない、何も知らない人たちだけで1泊2日のキャンプをする、本当にやるんだ、という衝撃と戸惑いがありました。私たち県短の学生は入学して間もないし、いざ企画を立てようとしても、このメンバーでやるのは無理、できないと思っていたのですが、2カ月少しの準備期間で仲良くなり、だんだん結束ができてきました（青木）

小谷は、源流体験係と導入劇のキャストを担当することになった。係の準備は楽しく和気あいあいとできたが、導入劇の練習は大変だった。１週間でセリフを覚えて、他の配役の学生たちと放課後に練習した。

大学1年のお祭りの時は、学生のことを中心に考えていればよかったが、今度は「子どもたちを楽しませる」ことが第一目的だ。企画に合わせた持ち物もバラエティーに富んでいるし、安全面も気を付けないといけない。小谷には準備内容のレベルが一段と上がったように思えた。

この年のキャンプのテーマは、「子どもたちのつながり」。源流体験やクラフト体験など五つの大きな遊びに一緒に取り組んで、子どもたち同士の絆をつくろうというものだ。五つの遊びは一つの物語に仕立てられていて、子どもたちは物語の中で勇者として冒険し、最後に〝ハッピーエンド〟をつくり出すという仕掛けだ。

導入劇は、開閉会式に行われる。五つの遊びの時間の前後にも、それぞれの役柄に扮した学生たちが子どもたちの前に現れて、遊びの内容に合わせて少しずつ上演し、物語を展開させていくのだ。劇はたくさんの場面がある上に、演じる学生たちはそれぞれ係の仕事を掛け持ちしているので、一役を複数人でこなさなくてはならなかった。たとえば、小谷が演じた細身の王子様が、別の場面では顔も体格もまるで違う別の学生が王子様として登場することになっていた。

芝居好きの学生が担当した劇の脚本は次のようなものだった。

あるところに王子様と仲の良い女の子がいた。ある日女の子は、王子様が隣国のお姫様と政略結婚するという話を聞き、ショックを受ける。心の隙をねらった魔女の魔法にかかって、女の子は心をバラバラにされてしまい笑顔を奪われてしまう。女の子の笑顔を取り戻すためには、バラバラになってしまっている心（絵）のピースを集めて心（絵）を元に戻さなくてはならない。絵のピースは、冒険するとゲットできるという星をたくさん集めて交換すると手に入れることができる。さあ、みんなで王子様に協力して星を集める冒険の旅に出よう。そして絵を完成させて女の子を救おう！

三つ巴のキャンプ

湯谷キャンプ1日目。午前11時の開会式のあとは、緊張をほぐすアイスブレイクで、子どもたちと学生が軽く体を動かして遊んでから昼食に。食べ終わると、オリエンテーリング「ピースをさがせ！」が始まった。各チェックポイントには、保護者にも待機してもらうことになっている。

この日、学生たちは6時半に大学を出て、8時には国立妙高青少年自然の家に着いて準備を開始していた。オリエンテーリングの後は夕食、キャンプファイヤー、肝試し、入浴、22時には就寝という予定だった。

ところが、昼ごろからポツポツと当たっていた雨が夕方から強くなってきた。キャンプファイヤーは急きょ、キャンドルサービスに変更。「肝試しはどうなるのか」と心配し始めた子どもがいる様子を見て、学生たちは奮起。青少年自然の家の担当者に頼んで、施設内の一部をアレンジして肝試しを行うことになった。

トイレの電球にカラーテープで色を付けたり、暗い廊下に光る仮面を設置したり、学生が河童になって隠れていたり。急ごしらえのセッティングだったが、年季の入った建物が幸いしたのか、思いのほかちょうどいい具合の怖さが醸し出されてきた。子どもたちは「キャー、キャー」言いながら怖がって、十分に盛り上がった。学生たちも「外より怖かったんじゃない？」と、〝災い転じて福（？）〟となったのを喜んだ。

学生スタッフの配置はかなり複雑に組まれていて、班付きの学生たちは、子どもたちをサポートしながら、代わる代わる班から抜けて担当係の役割をこなさなければならなかった。小谷も「次（自分は）何やるんだっけ」とスケジュールに追われるように動いていたので、子どもの前では笑顔でも、ずっと緊張と不安が続いていた。子どもを寝かせて静かになって初めて、緊張感がほどけてきた。しかしほっとしたのもつかの間、ミーティング、子どもたちへのメッセージ書き、翌日の「源流体験」の準備などがあり、結局明け方近くになって、ようやく横になった。キャンプ前日もほとんど寝ていなかったのに、1日目の夜もほとんど寝ることはできなかった。

翌朝5時過ぎ、徹夜に近い状態で小谷は同じ係の学生と一緒に川の様子を見に行った。「夕べの雨で水かさが増しているだろうから、源流体験ができるかどうか」が心配だったが、予想に反して川は穏やかだった。水かさが増したといってもわずかなようで、2人とも安心してそのまま大きな石の上にへたり込んでしまった。

ガン、ガン、ガン、ガン。

小谷は突然のやかましい音で目が覚めた。見ると宿舎の方で、保護者代表の近藤和巳さんがクマよけのドラム缶を棒で叩いている。

「お〜い、クマに食われるぞ〜」

安心した小谷たちは、いつの間にかすっかり眠り込んでいたのだ。２人は慌てて起きると、近藤さんに一礼して宿舎に戻った。近藤さんは、そんな学生たちの姿を見て「頑張っているな」とほほ笑んだ。

保護者と学生と子どもたちという３者が三つ巴で行う宿泊体験は、湯谷小子どもランドならではのものだ。

夏のキャンプの企画運営のメインは、信大２年生と県短１年生の〝新人たち〟が担うのもあって、保護者たちはキャンプファイヤーの準備や、若い学生たちがフォローしきれない子どもの面倒を見るなど、全面的な協力体制をとっている。学生と保護者が協力し合ううちに、学生ばかりでなく親も成長していくのだと元代表の中谷隆秀さんは言う。

キャンプの準備をするにも、学生たちは睡眠時間を削って、パワーを注ぐ。親として子どもを真ん中に置いて関わってみると、そのエネルギーは想像以上のものだと思いました。一緒に参加する、特に若いお父さんたちの中で、自分の子どもにこんなにも真剣にやってくれる学生さんがいるのを見て、自分の父親としてのポジションや子育てをどうしていくかを見つめさせられ、気づかされた人が何人もいました（中谷）

やりたいことをやる！

小谷の担当する源流体験は、妙高青少年自然の家が整備した探索コースを利用して、川の中を長靴で歩きながら源流までさかのぼるという企画だった。途中で山の木や、川の中にいる生物について問題を出したり、笹船を作ったりする。

毎年キャンプに参加している子どもたちにとっては珍しくないコースだが、この年2011年は東日本大震災があり、コースの中に地震の時に落ちてきたという大きな石があった。この石について問題を出すと、子どもたちは「こんなのなかったよね…」「こんな大きい石が動いたんだ…」と3月の地震を思い出したように静かになった。

源流体験を終えると、子どもたちは「勇者のかけら」に見立てた星を1人ひとりが受け取った。班ごとに集めた星を段ボール製のマシーンに入れて、絵のピースに替えていく。最後のピースは、キャンプ最後の遊びであるクラフト体験に挑戦すると手に入れることができる。

川の中を歩いてさかのぼる源流体験など、多くのイベント企画がにぎやかに行われた湯谷キャンプ２日目

クラフト体験は１日目のオリエンテーリングで集めた木の枝やまつぼっくりを使って、自分だけの写真立てを作ろうというもの。子どもたちは意外にも静かに集中して作品を作っていた。こうして最後の星のかけらを受け取り、ピースを手に入れた。

２日目の昼食は、食堂で班ごとに食べる。「川の探検おもしろかった！」と嬉しそうにいう男の子の声に、小谷もホッとしてご飯が進んだ。

お昼の後は閉会式。王子様に女の子、お姫様や魔女が登場して、最後の劇が始まった。子どもたちみんなで集めた絵のピースを合わせて一つの絵ができあがり、バラバラにされた女の子の心も元に戻って笑顔が生まれた。笑顔を取り戻した女の子と王子様は結婚することになると、実は隣国のお姫様にも好きなお相手がいた！　との結末。みんなが笑顔のハッピーエンドを迎えることができた。

最後に、班ごとに子どもたちは1人ひとり、自分で作った写真立てと写真を受け取った。そこには、班ごとに1日目に撮った写真が入っていて、写真の裏には班付きの学生たちから子どもにあてたメッセージが書かれていた。子どもたちはみな、大事そうに写真を見つめている、ぎゅっと抱きしめる子、泣いている子…。喜んでくれた姿に、ほろりとする学生もいた。

キャンプが始まるまで、小谷には気がかりな子どもたちがいた。壇田地区センターでの活動の時、人の話を聞かず、ケンカをしたり、人を蹴ったりする男の子たちだ。「こいつら、なんなんだよ～」と、正直なところどう接したらいいのかわからなかった。キャンプでも、活動から大きくはみ出してしまうかもしれないし、誰かを傷つけてしまうかもしれない。いったいどうなるんだろうと心配していた。

ところが、いざキャンプが始まってみると、ご飯の時は、ちゃんとみんなと一緒にテーブルについて、静かにおいしそうにご飯を食べていて、別に暴れるような気配はない。源流探検も他の子と同じように参加していた。

ただ騒いでいるだけの子たちじゃないんだと思いました。静かにしている時もあるし、楽しそうに遊んでいる時もある。湯谷の活動で普段見えない姿がたくさん見えてきて子どもの印象が変わりました。子どもって長い時間を一緒に過ごさないとわからないんだなと思いました。今もそう思っています（小谷）

子どもたちを見送り、後片付けが始まった。みんな疲れてはいるが、自然に笑みがこぼれてくる。「初めてのことだったけど、自分たちで力を合わせてできたんだ」と、誰もが大きな達成感を味わっていた。

湯谷小子どもランドの中で唯一の宿泊企画。子どもたちにも最も人気の高い湯谷キャンプは、3年生の教育実習などに配慮して、信大ＹＯＵ遊の学生企画が始まった時から〝初めて〟企画運営をする2年生と1年生が担当している。何もわからないところから始めるけれど、ＹＯＵ遊をやってみたいと入ってきた学生たちが、のっけから先輩たちに遠慮もせずに「やってみたい！」という気持ちをストレートにぶつけられる活動でもある。

「やりたい人が、やりたいことを、やりたいようにやる」

これは、信大ＹＯＵ遊を貫く精神だ。

それができる湯谷キャンは、信大ＹＯＵ遊だからこそ引き継がれてきた一つの形なのかもしれない。

プラザ長として

次期プラザ長は、俺？

7月初旬の湯谷キャンが終わってから、しばらくYOU遊の活動に参加できなかった小谷は、10月の初め、久しぶりに湯谷プラザの山登りに参加した。集合場所の湯谷小に行くと、数人の子どもたちから「かずやぁ」と声を掛けられて、小谷は嬉しくなった。

山登りと言っても、標高700mほどの里山だ。1985年に地すべり災害が発生した地附山は、災害跡地を公園にし、ローラー滑り台や木製アスレチック遊具などを設置している。キャンプでは子どもたちを楽しませるために必死だったが、ここではゆったりと子どもと一緒に遊ぶことができて、小谷はとても楽しかった。

11月中旬を過ぎると、そろそろ次期プラザ長をどうするのか、という話題がちらほらと出てくる。小谷はプラザ長になることをまったく考えていなかった。周りの学生や保護者たちも小谷がプラザ長とは思っていなかったようで、大方の人が湯谷キャンのキャンプ長だった羽生英太がなるのだろう、そんなふうに思っていた。そんなある日、小谷は当の羽生から「青木のプラザ長をやることになった」と聞かされた。

同じころから小谷は、3年のプラザ長の先輩と廊下ですれ違うたびに、「来年頼むわ！」と軽いノリで声を掛けられるようになった。

「いや、いや、俺、無理っすよ」

小谷は手を振りながら応えていたが、じゃあ誰がやるんだとマジメに考えると、思い当たる人がいない。同じ2年でよく湯谷の活動に来ていた小林英莉（仮名）と「プラザ長、誰やるんだろうね」と話すこともあった。2人とも、どうも自分たちしかいないようだとなんとなく気づいてもいたが、すんなりやろうとはどうしても思えなかった。湯谷小子どもランドはほぼ毎月行事があり、そのほとんどが学生企画なので、信大YOU遊の中でももっとも活動量が多いプラザの一つだ。プラザ長を引き受けるには、それなりの覚悟が必要だし、もちろん自信などまったくない。

11月も終わるころ、プラザ長の先輩から「飲みにいこう」と誘われた。羽生も一緒だった。だいぶ飲んだ後、酔いがまわってきた先輩から「次期プラザ長は、おまえにやってもらいたいと思っている」と言われた。

ああ、言われてしまった…。

小谷はそう思ったが、それでも「はい」とは答えられなかった。過去の先輩たちを見ても、プラザ長になればいい体験ができるのだろう。でも、湯谷でやってみたいと思うことが明確にあるわけでもないし、企画するのが好きというわけでもない。なによりも、漠然と「長」という立場にまとわりつく「権威」的なイメージも気になった。その時点では「とにかくやってみよう」という覚悟を決めるほどのものを見出せないでいたのだ。小林に話すと、小林も「副に」と言われているという。でも、はっきりとは答えていないようだった。

12月の忘年会シーズン。湯谷小子どもランド恒例の保護者と学生の懇親会が開かれた。保護者にとっては、学生の素顔を知る機会であり、学生から見た我が子について聞くことができる有意義な時間だった。学生たちにしても、保護者の見方考え方などを聞くことができる貴重な場である。保護者という人生の先輩たちと、仲間として一献傾けられるのも楽しい。

宴も後半に差し掛かった時、保護者と飲んでいたプラザ長の先輩が、急に手招きをして小谷と小林を呼んだ。

「次期プラザ長の小谷君と副の小林さんです」

キャンプ長だった羽生がほかのプラザ長をやるという話も含め、何も聞いていなかった保護者たちはちょっと驚いたようだった。

小谷と小林も顔を見合わせたが、とにかく先輩のところへ行って、そこにいた保護者たちにあいさつした。

「あっ、はい。そういうことになった小谷です。来年からプラザ長をやらせていただきます」

「同じく、副をすることになった小林です。よろしくお願いいたします」

もう後には引けない。小谷も小林も「先輩にしてやられた！」という思いもあったが、こうなったからには腹をくくるしかない。迷っていた自分に、いずれ区切りをつけなくてはならなかったのだ。小谷も小林も、ようやく覚悟を決めた。

1対1は是か非か

２０１２年３月20日。小谷のアパートで、次年度の湯谷小子どもランドの方針を決めるための話し合いをすることになった、参加したのは小谷と小林、そして県短のサークル長になった澤田留美と副の青木千佳の４人である、県短にはもう１人、副サークル長の藤田菜月（仮名）がいたが、この日は実家に帰省していて参加できなかった。県短の役員は1月下旬に決まっていて、それまでにも何回か5人で顔を合わせて話したり、一緒にご飯を食べたこともあったが、本格的に話すのはこれが初めてだった。

「来年、湯谷小子どもランドで何をしていくのかを考える時に、1年を通じて何を大切にしていくのかを話し合おう」と言ったのは小林だった。

４人でこたつにあたりながら、午後2時半頃から和気あいあいとした雰囲気で話し合いが始まった。まずは、昨年の活動を振り返りながら、自分が大切にしたいと思うことをそれぞれ出し合うことにした。

「同じ学年だけでなく、6年生が1年生を助けてあげるような姿が見える関わりが持てるように」

「湯谷は他と違って、保護者さんとのつながりがあるから、ここを大事にしたい」

「暴力的なことをしたり、みんなの輪から抜けたりした時に、どういう基準でその子を叱るのかを決めておけたら」

「学生が接着剤のようになって、子どもと子どもが関われるようになれるように」

「子どもが学生に心開けるような関係に」

「子どもと学生が1対1で仲良くしているだけではもったいないから、そこからどんどん関係を広げていけたら」などなど。


どれも大切だと思う意見がそれぞれに上げられた。その中で意見が一致したのは「楽しい企画にしよう」ということ。楽しくなくちゃYOU遊ではないし、楽しいのは大前提。その上で、活動の中で何を大切にするか―。4人の話し合いは、みんなの気持ちを一つに向けることができるキーワードを探し始めた。


その時、小谷は、他のメンバーから出た「1対1」という言葉が気になった。子どもと1対1で向き合うことを大事にしていた女子学生が、途中から来なくなってしまったことを思い出したのだ。その学生は「1対1はダメだ」と否定されたと思っていた。

「俺はさ、学生と子どもが1対1の関係でもいいと思うから、1対1じゃだめだということは言いたくないいな」と小谷は言った。

「１対１の関係だけで終わったら、よくないと思う。初めはそれでもいいけれど、やっぱり広げていかなくてはだめだと思う。もし、１対１で密接な関わりのままだったら、その学生がいないと子どもは活動ができなくなってしまうんじゃない？」と小林。

「でも、１対１の関係だって大切だし。いろんな学生がいるんだから、それを広げなきゃだめだっていう言い方を俺はしたくない」。小谷は言い返した。

これが、長い長い話し合いの始まりだった。言い合いという方が近かったかもしれない。

小林の言うように、特定の学生と子どもが仲良くなり、１対１の関係が長く続くと、その関係はなかなか広がっていかない。信大ＹＯＵ遊は、子どもも学生も他人との関係を築き、新しい社会を築く力を育てる場でもあるから、１対１の関係を続けるのは弊害ともなる。

小林は先輩から、学生と子どもが１対１の関係を続けることは避け、できるだけ多くの相手と関わりが持てるようにしていかなくてはならないと、何度か聞いたことがあったし、自分もそう思っていた。どう考えても「１対１のままでＯＫだよ」というのはおかしいではないかという思いが込み上げてくる。しかも小谷はプラザ長なのだ。プラザ長がそんな考えでは困る。

小林は自分が正しいと思うことを、ストレートに小谷にぶつけた。

小谷は、小林の激しさにちょっとたじろいだ。澤田も青木も驚いていた。小林は普段、やや大人しい感じで、「穏やかで控えめで親切」というイメージがあったのだ。が、その言葉には、そんな普段の小林からは想像ができない激しく熱いものがあった。

「千佳も、意見があるなら言いなよ」

それまで一つ年上である小谷や小林に遠慮気味に話していた青木は、小林に言われて「私もそう思う」と言葉を続けた。

「いや、そうだよ。その通りだよ。それはわかるけれど、俺はダメだとは言いたくない」

小谷は反論するが、小林や青木の言葉に打ち勝てるような理論を組み立てることができない。それでも「ダメだとは言いたくない」という絶対に譲れないという信念のもとに反論を続けた。しかし、どうしても相手を説得できるような言葉を見つけることができず、小谷は2人に攻められ続けた。

激しい話し合いに入れずにいた澤田は、青木から「留美はどう思うの？」と水を向けられても、「うん。今ちょっと理解しているから」としか言えなかった。決して考えていないわけではなかったが、澤田が意見を口に出す前に話がどんどんと進んでしまう…。

そんな攻防がどのくらい続いただろうか。小谷の方はだんだん嫌になってきていた。自分に信念はあっても、それをうまく表現できる言葉が見つからないのだ。

「ああ、じゃあ、もう、それでいいよ」。つい投げやりな言葉を吐いた。

「じゃあって、何なの。言いたいことがあったら、ちゃんと言ってよ」と小林は容赦ない。

「だから、俺は…」。なんとか説明しようと再度反論を試みたが、「それを言うなら…」と瞬く間に攻撃を受け、こたつから離れて後ずさりしていた小谷の背中は、ついに壁についてしまった。

それでも小谷があきらめずに反論を繰り返すうちに、小林や青木にも小谷が考えていることがわかってきた。

信大ＹＯＵ遊のプラザや県短のサークルに参加するのは、それぞれの自由意思に基づいていて、さまざまな思いで参加している学生たちがいること。信大ＹＯＵ遊の学生たちは、将来教員になった時のことを考えている学生が多いが、県短の学生たちのほとんどは教員を念頭においていない。サークルだから、むしろ子どもたちや友達と楽しく過ごすことが目的の子が多いだろうから、目標みたいなものを押し出して、「このようにしなければだめです」とはとても言えない。それぞれの学生が活動に参加するスタイルを、強制的に押し付けるようなことはしたくないということだった。

それはそれで一理ある。小林も青木もそして澤田も、小谷の言い分をだんだん理解できるようになった。

気づくと、時計の針はもう夜の9時を回っていた。6時間半も話していたのだ。「話し合いが終わったら、ボーリングでも行こうよ」なんて話していたのに、夕飯も取らずにこんな時間になってしまった。

結局、小谷の意見も汲みとられた。みんなで大切にする目標は「人と人のつながりをつくろう」という言葉にまとまり、学生と子ども、子どもと子ども、そして学生と保護者もつながりを持てる活動をしようという、すべてを包み込んだ表現になった。

立ち位置の違う学生たちに対して、強制的に「こうしてください」とは言わないこと、

1人ひとりのやり方は自由であるということ、も確認し合った。もう一つ、企画自体の目標は「子どもたちの居場所をつくる、子どもたちが居やすい場所にすることを大事にしよう」ということになった。こちらは誰にも違和感なく、すぐにまとまった。

4人は、それぞれに本気で語り合ったという実感、その達成感を得ていた。「こんなに意見が合わなくて、これから先どうなるんだろう…」といった不安もあるが、それよりも、お互いをさらけ出してもいいという信頼感、これからチームを組んでやっていくのだ、という自覚を持つに至った6時間半だった。

県短生の澤田や青木にしてみたら、同じ湯谷小子どもランドの正副メンバーとはいえ、信大生の小谷と小林は1年上の先輩である。澤田も青木もこの日の途中から、口調だけは「ですます調」だったが、「先輩だから後輩だから」という感覚はなくなっていった。小谷も小林も学年が違うという違和感はなくなっていた。

小谷にはほんの少し未消化の部分が残ったが、最後にはみんながこれでいいという意見に到達できたことにほっとしていた。

そして、「思ったことはあいまいにすべきでなく、仲間であれば理解してもらうために言葉に出さなくてはいけないということ」、「長として言わなきゃならないことがある」ということを痛感した。

小谷は「権威」による押し付けは絶対にしたくなかった。ＹＯＵ遊は授業ではなく、単位にも関係がない。それぞれが自由な気持ちで参加している活動だ。そんな学生たちに対して、まるで学生のあるべき姿みたいなことを言うのはおかしいと、ずっと感じてきた。自分は決してそういうことを言いたくない。だが、小林が「プラザ長として言わなきゃいけないことがあると思う。活動の企画として大切にしているものを何も伝えないでバラバラにやっていたら、その活動の意味も目的もなくなっちゃうんじゃない？」と言うのを聞いて、「確かにそうだ」と思った。自分の感情ばかりで、そういうことに思いが至らなかった。「甘かったなー。小谷は自分のなかの視点が切り替わっていくのを感じていた。１人の参加者とプラザ長とは違う視点を持たなければならないことを自覚したのだ。

それぞれの立場と役割

５月の活動

いよいよ活動が始まった。

最初の活動テーマは昨年と同じアイスブレイク。自分たちが初めて参加した１年前は、学生が多くて見学会のようになってしまっていた。その反省を生かし、学生が子どもたちと自然に話せるような環境にするため、学生と子どもが一緒にいられるグループに分けた。


小林は、プラザ長として活動を進行する小谷を見ながら、みんなの輪から外れてしまう子どもがいないかに目を配った。県短の澤田、青木、藤田も小林と同じ視線で子どもを見守りながらも、初めて参加した学生が子どもとの新しい出会いをいかにつくるか、その仲を取り持つことが自分たちのミッションだと考えていた。

初めて活動に参加する学生たちにとって、子どもとコミュニケーションをとるのは意外と難しい。どんな子かわからないのに話し掛けたり、あるいはもう仲の良い学生たちとの輪ができているところに入っていったりするのは至難の業だ。子どもは本心でなく、照れ隠しで「ちょっと、こっちに来ないで」など、きつい言葉をぶつけてくることもある。そういった言葉に慣れていない学生たちが戸惑ってしまうことを知っていた青木は、子どもの方に「あの学生は○○っていうんだよ。声掛けてきなよ」と促したり、恥ずかしがる子は一緒に手をつなぎながらさりげなく新しい学生の横に行ったり、と積極的に動いていた。

一方の小谷はプラザ長として、初めての活動を仕切ることで精いっぱいだった。終わった時はほっとしたが、自分の中にあまり子どもの姿が残っていないことに気が付いた。

「何で自分のことができるの?」

6月の第4週、3年生は教育実習がある。湯谷小子どもランドでは、その1週間後の7月の最初の週末にキャンプがあり、7月末には保護者企画の野外炊飯、8月初旬には宿題企画を予定していた。さらに、小谷と小林は宿題企画の翌日から4日間、信大YOU遊の全体企画「第2回YOU－YOUキャンプ」にスタッフとして参加することになっていた。

そんなやらなければならないことが目白押しの7月末、小谷は8月のお盆明けから行われる教育実習のための指導案づくりにも追われていた。２年生ほどの科目数はないが、前期試験も控えている。

湯谷キャンプは2年生、宿題企画は県短チームが主な企画運営を担うとはいっても、プラザ長である小谷はすべてに関わらなければならない。小谷は、尋常ではない忙しさに襲われ、とうとう野外炊飯前日に爆発してしまった。

その日の午後、教育学部キャンパスの食堂では、ＹＯＵ－ＹＯＵキャンプの小道具作りなどの作業が行われていた。小谷と小林も手伝わなければならないところだが、湯谷の野外炊飯について急いで打ち合わせる必要があった。２人はキャンプの作業から抜けて、同じ食堂の片隅で話し合い、打ち合わせが終わったところで小林は席を立った。ＹＯＵ－ＹＯＵキャンプの準備に加わるためだが、小谷にはその気配がない。

「ごめん、ちょっと指導案を出さなきゃいけないんで、こっちをやらせてもらう」

小谷がそう言うと、途端に小林は不快な顔をした。「ダメとは言わないけど…」と言い残して、キャンプの準備作業に戻っていった。

小谷は、本当なら7月前半に出すべきだった教育実習の指導案に追い詰められていた。

「やらなくては」とずっと思っていたが、できなかったのだ。指導の先生から「早めに出してね」と言われていたのに、またギリギリになってしまった。しかし、今日は出さねばならない。中学校は明日から夏休みなのだ。どうあっても今日のうちに出さなくては。時間は今しかない。

小谷は焦っていた。音楽を聴いているわけでもないのに、耳栓代わりにイヤホンをしながら、食堂の端っこでパソコンを叩いていた。小林がまた、小谷のところにやってきた。

「みんなで作業しているのに、何で小谷くんは自分のことできるの？」

「でも、本当にやらなきゃいけないんだ」

小谷は返し、パソコンの画面に目を落とす。イヤホンをしながら、必死の形相だった。小林は再び作業に戻った。

夕方6時過ぎ、作業が終わった小林は、小谷が指導案を送信し終えてパソコンをしまうまで、黙って小谷を待っていた。2人でＹＯＵ遊の物品庫へ向かいながら、小林が切り出す。

「みんな忙しいんだよ。何であの状況で自分のことができるの？」

「悪いけど、どうしたって指導案はやらなくちゃならない。俺だってわかってるけど、こっちはこっちでやらなきゃいけなかったんだ。今しか、時間がなかったんだから」

「そうやって自分ばっかり忙しそうにしている。私だって忙しいのに、いつも忙しさを理由に言ってくるじゃん」

小林も余裕がなかった。決して小谷だけじゃない。だが、理科専攻の小谷は実験などもあって拘束時間が長い。比較的時間が緩やかな生活科の小林に、「俺、実験があるから、悪いけどこれやっておいて」と頼んだことも何度かあった。

しかし、小林の指摘は図星だった。自分としては精一杯やっているつもりなのに、どうしても追いつかないのだ。先を見通して計算し、効率よく自分のことは済ませておく。わかっていても、小谷にしたら計算する間もないぐらいに次々とやるべきことが出てくる。それでも、もっとしなくてはならない…。それだってわかっているけれど、いきなりは改善できない。

2人とも、お互いを受け入れられるほど余裕がなかった。小谷はこの時、「家族以外であんなに怒ったのは最初で最後」と振り返るほど、小林と激しく言葉をぶつけ合った。

お互い吐き出すだけ、吐き出したからだろうか。やがて激しい感情が消えて、2人とも気持ちが落ち着いてきた。小谷は「やっぱり、俺が悪かったよ。これから変えていくよ」

と謝った。野外炊飯の準備も終わり、ケンカは収束した。翌朝、小谷はすっきりしたものを感じながら、当日参加の学生スタッフたちと野外炊飯の会場である飯綱高原キャンプ場へ向かった。

一方の小林は、実は小谷に感謝していた。自分も相当激しい口調で言いたいだけ言ったのに、小谷がちゃんと受け止めてくれたからだ。

小林は打ち合わせや準備の前にいつも、小谷に友人関係や授業のことなど愚痴やいろいろな話を聞いてもらっていた。小林は普段、周りの人たちに対して強い態度に出ることはない。でも、湯谷小子どもランドの正副の仲間たちには、心を開いて思ったことを言わせてもらえる、そこで一番受け止めてくれていたのはやはり小谷だったのだ。話し合いの時に、これだけ言いたいことを言っても、小谷はちゃんと言葉にして返してくれる。徹底的に話し合って、互いに答えを見つけ合えるほどに話せる。そんな相手は、小谷しかいなかった。

正副5人の中で、小林や青木はアイディアが豊富で、どんどん言葉が出てくるタイプだ。澤田や藤田はそうした意見に同調することもあるが、小谷はたいてい彼女たちとは対する側になって意見を出す。あるいは受け入れるのが役割だった。

湯谷で経験できること

保護者と共に

湯谷小子どもランドが他のプラザと大きく違うのは、保護者との連携プレーが要となることだ。それは学生たちにとって、時には試練となり、時には他のプラザでは得られない貴重な体験にもなる。

2年生が企画運営する湯谷キャンプについても、保護者とのやりとりについては、プラザ長である小谷がしなければならなかった。しかし、自分たちが企画しているわけではないので、2年生のキャンプ長に確認しなければ答えられないことも多い。保護者からキャンプの問い合わせのメールが来てもすぐに応えらず、そのままにしてしまって返信催促のメールを受け取ったり、保護者が伝えてきたことを自分が了解すればそれでいいと思い込んでいて、そのまま返信することなく済ませてしまったことも度々あった。

こういったことは、お互いの状況が理解しやすい学生同士の間であれば、まず大した問題にはならない。

しかし、生活の場も社会的な立場もまったく違う保護者にとって、学生からの連絡の不備は相当なストレスになる。７月末の活動の後、小谷は保護者からの要望で近くのファミリーレストランで話し合いの場を持つことになった。

小谷はそこで初めて、自分がしてきたことが保護者にとってどれだけ大きなストレスになっていたかを思い知らされた。小谷は保護者に謝罪し、それから「メールは自分のところで終わらせない」を心がけるようになった。相手からのメールは一方通行で終わらせず、自分からのメールが最後になるようにしようと決めた。

小谷が活動を進行している間、小林や澤田、青木、藤田は、子どもたちの様子を見るので、保護者と話す機会は多い。みんなで活動している輪から外れる子どもがいると、その理由や対応を考えるが、同じ会場にその子の保護者がいたら普段の様子や事情を聞くことができる。親が集まる懇親会の席で聞く話もあった。

どうしてもうまく活動に参加できない子が「大勢の人の中に行くと不安が襲ってきて、その場にいられなくなってしまうことがある」という理由だったと知ることもある。学校や家での様子を聞いて初めて、その子の行動を「なるほど」と理解したり、そんな場合はどんな対応をすればいいのかを具体的に教えてもらえたりするのは、保護者とのつながりが深い湯谷ならではだ。

保護者の方から、「手をつないで同じ目線で話して、大丈夫だよと言ってほしい」「そばにいてほしい」「不安が大きいので、知っている子を同じ班にしてほしい」など、具体的な対応の要望を伝えてくることもある。

1回だけのイベントではそんな関わりは出てきようもない。しかし、1年を通しておよそ月に1回、子どもたちと顔を合わせていると、子どもの表情の変化や成長をはっきりと感じとれることもある。そんな時、小林は「最近はどうですか?」と保護者に聞きながら、子どもたちの状態を知っていくことに努めていた。澤田や青木、藤田もそれぞれに保護者に聞きながら、子どもたちの理解を深めていた。時には、保護者が知らないだろう子どもの様子を、こちらから伝えることもあった。

5人の話し合いでは、そんな情報も積極的に出し合った。小谷も含めた5人は保護者の力を借りながら、だんだんと「湯谷の子どもたち」の特性を知り、子どもたちの目線に合わせた企画を考えられるようになっていった。

転機

９月になると、保護者企画の魚釣りとバーベキューで新潟の県境へ行った。10月には地附山公園で秋の遠足を楽しんだ。

湯谷小子どもランドの10月の遠足は、ちょうど1年の真ん中の企画になる。春から夏にかけて、状況がよくわからないまま走り続けた忙しさが、教育実習を終えたこのころ、少し落ち着きを見せるようになる。とにかく、次の企画、次の企画と走ってきたので、やり終えたことの反省もしっかりできないまま、ここまで来てしまった。そんな思いが小谷たちの中にあった。

振り返ってみると、アイスブレイクと運動会の恒例行事、２年企画のキャンプ、二つの保護者企画と、９月までは小谷たちが一からオリジナルで企画したものはなかった。今までは、漠然とした子どもの一般像から「こんな企画をしたら、子どもって楽しいんじゃないか」という目線で考えていて、学生が楽しそうだと思うことをやってきただけだったような気がする。１人ひとりの姿がよく見えるようになった今、小谷たちにはそれがよくわかった。

もっと、「湯谷の子どもたち」が楽しめる企画をつくろう。５人の気持ちが一致した。

11月の企画は、湯谷小学校の体育館を借りることができる。そのため例年、運動会をすることが多かったのだが、今回は一から企画を考えることにした。

「湯谷の子どもたちは、工作や作業をしている時はすごく集中していたよね」
「全員でやるものより、グループでやった方が集中できるよね」
「広い体育館だからできるという遊びって何だろう?」
「牛乳パックでブーメランとか作って飛ばそうか? 巨大な折り鶴はどう?」

いろいろアイディアが出たなかで、今後は「巨大」を一つのテーマにすることに決め、11月は巨大な紙飛行機を飛ばすことになった。小谷は、子どもたちがワクワクして目を輝かせながら巨大な紙飛行機を持っている姿が目に浮かんだ。

紙はどうする? 紙の質は? 折り方は?

自分たちで考えたことだから、お手本はない。信大の空いている教室を使って、実際にできるかどうか試してみようと盛り上がった。

初めに模造紙で作ってみた。けれど、うまく飛ばない。

班ごとに画用紙を貼り合わせて、巨大紙飛行機づくりに挑戦。学生スタッフの試行錯誤が大きな花を咲かせた

「もう少し硬い方がいいか」と画用紙に変更。巨大とは、どれぐらいか？　実際にＡ3の画用紙を並べ、とりあえず8枚をセロハンテープでとめて折ってみると、折った端から紙がはがれてしまう。いやいやセロハンじゃ弱いからガムテープにしよう。すると、強度が上がり、しっかり飛んだ。でも、これではまだ巨大とは言えない。12枚で作る。まだまだ。結局16枚を合わせたところで、「巨大」というイメージの飛行機にあうものとなった。

　実際に折ってみて、教室の端から飛ばしてみると、果たして巨大紙飛行機は、ヒューとまではいかないけれど、ゆらゆらと飛んだ。

「やっとできた!」

5人は手を叩いて喜んだ。

活動当日、子どもたちは5人ずつの班をつくり、まず画用紙を貼り合わせて、班ごとに1機ずつ作った紙飛行機をステージの上から飛ばした。一番遠くまで飛んだグループが優勝だ。

小林は、いつも企画から抜けがちな6年生の男の子がみんなと一緒に楽しそうに紙飛行機を飛ばしていることに気がついた。お母さんに聞くと男の子の方を見ながら「小さいころは紙飛行機を作るのが大好きだったから、今日はすごく楽しみにしてきたんだよ」と言う。

紙飛行機のあとは、身体を動かす遊び。思い切り体育館を走り回ろうと、玉入れをする。学生が背中に箱を背負って逃げ回るのを、みんなでわぁーわぁー言いながら追いかけて、玉を入れた。

活動の終わりの会の子どもたちは、どの子もいい顔をしている！　小谷も小林も、「これでいいんだ」という手応えを感じていた。よろよろしながら、なんとか飛んだ飛行機。うまく飛ばない飛行機もあったけれど、「湯谷の子どもたち」らしさを引き出した企画ができたと思った。

小谷は数日後、実習で参加できなかった澤田、青木、藤田に当日の様子を伝えた。澤田は「自分たちが出られなかった企画だけれど、達成感を感じるよね～」と嬉しそうに話していた。

神様が味方してくれた

12月はクリスマス会でケーキ作り、1月は新年お楽しみ企画、2月は巨大な恵方巻きを作った。5人で必死に企画、準備をしていた夏ごろまでに比べると、事前の話し合いの時間も少なくなり、準備も要領よくできるようになっていた。

いよいよ締めくくりの3月の企画をどうしようか。5人は、授業を終えた午後6時ごろから、いつものファミレスに集まった。

最後だから、みんなで何かをつくりあげられたらいいね、と意見が一致した。

スライム。パズル。班ごとに活動して、全体につながるようなもの。巨大なもの…。アイディアはいろいろ出るがまとまらない。しばらくの沈黙の後、「モザイクアートはどう?」という意見が出て、そこにみんなの思考が集まり始めた。

みんなの写真とかで作れるよねえ…。でも、実際に写真を集めてそれをまとめていくのって、とても難しい。じゃあ、小さな色紙を貼って、形にしていくのはどう? それならできるよ。文字とか浮き上がらせるのもいいよねえ……。

最終的に「ありがとう」という文字のまわりに、子どもたち全員の名前が浮き出てくるモザイクアートを作る案に決まった。

マス目の入った模造紙を利用して、1マス1マスに8色を塗り分けるように、マス目と同じ大きさに切った色紙を貼って作ることにした。1枚1枚貼りつける作業を遊びにするために、それぞれの色に対応する記号を決める。1マスごとにリンゴや葉っぱなど8種類の記号を描くことにした。

「ありがとう」の色、子どもたちの名前の色、背景色…。それぞれの文字をきれいに浮かび上がらせるためには、境の部分に注意を払わなくてはならない。文字は赤、ピンクなど、背景は薄い緑、黄緑などにして、見えやすい８色を配色した。配色の設計図ができると、８色に対応するリンゴや葉っぱなどの記号を模造紙に描き込んでいく…模造紙18枚に！

ここまででもかなりの時間をかけて話し合い、検討し作業を進めてきたが、貼り付ける折り紙を切るのが、一番大変だった。折り紙の大きさは、普通サイズの４分の１の折り紙をさらに４等分する。子どもたちを６班に分けると、１班に分配する折紙は模造紙３枚分。その３枚の模造紙に貼る８色の色紙の枚数を計算して、必要な折り紙を切っていく作業は、困難を極めた。

班ごとに８色の色紙をそろえるには、48袋の色紙の塊を作る必要があった。貼る色紙はおよそ２万枚。ざっというと５０００枚の折り紙を切ることになる。切る前に折り紙の数を数え、切った後の数を数えた。５人は必死になって切ったが、どうにも間に合わず、活動の前々日になって、当日参加の学生たちに呼び掛けて色紙を切ってもらった。

活動当日。檀田地区センターの講堂の真ん中のテーブルに各班のくじ箱を置いて、その周りで班ごとに分かれて、３枚の模造紙を縦につないだ台紙を広げて貼り場をつくった。

子どもは順番に色の記号が書かれたくじを引いては、対応する色紙を班の子どもと学生みんなで貼った。一応競争になっていて、8本のくじを引き、最後の色を貼りこみ終わる時間が早い班が勝ちである。

小谷たちは、活動が終わるまでにモザイクアートが完成しないかもしれない、と心配していた。これだけの枚数を時間内に貼り切れるだろうか？　だから小谷は子どもの受付が始まる前のミーティングで、「みなさん、今日は手加減せず本気で貼ってください」と、参加学生に伝えていた。

午前9時30分、班ごとに作業がスタートした。

作業が始まってしばらくすると、年上の子どもが作業を牽引するようになってきた。他の子と分担しながら効率よく動き、小さな子に糊を付けて渡す姿など、子どもたちの協力しながら集中していく姿が全体に見られるようになったのだ。聞こえるのは作業のための声ばかりだ。誰も輪から外れる子はいなかった。

「すごい…」

小谷たちは、その姿に圧倒された。ひたすら長時間、こんな地味な作業をしていたら、あの子やあの子は途中でやらなくなってしまうかもしれないなどと想像していた。それが予想に反して、子どもたちは、とても一生懸命に集中して、やり続けてくれている。

作業のプレ（事前練習）をすることができなかったので、本当にできるのかなって不安でした。ただ俺たちは、湯谷の子どもたちがこういうことに集中できる子たちだっていうことを知っていたので、この子たちならできる、できてほしい、きっとできるだろうって、祈るような気持ちでした（小谷）

だんだんと企画が進んでくる中で、子どもたち同士のつながりや学生とのつながりが出てきました。私たち5人もそうだし、どんどん仲良くなってきて、湯谷全体がまとまってきているなというのを感じました。子どもたちも成長していたし、私たち学生も成長していたと思います。最後の企画では、それが、とてもまとまった形で表れたんです（藤田）

真っ白だった3連の模造紙は、班ごとに色とりどりのまるで長細い絨毯のようにでき上がり始めていた。貼っていくうちに自分の名前や友達の名前を発見した子も出てきた。

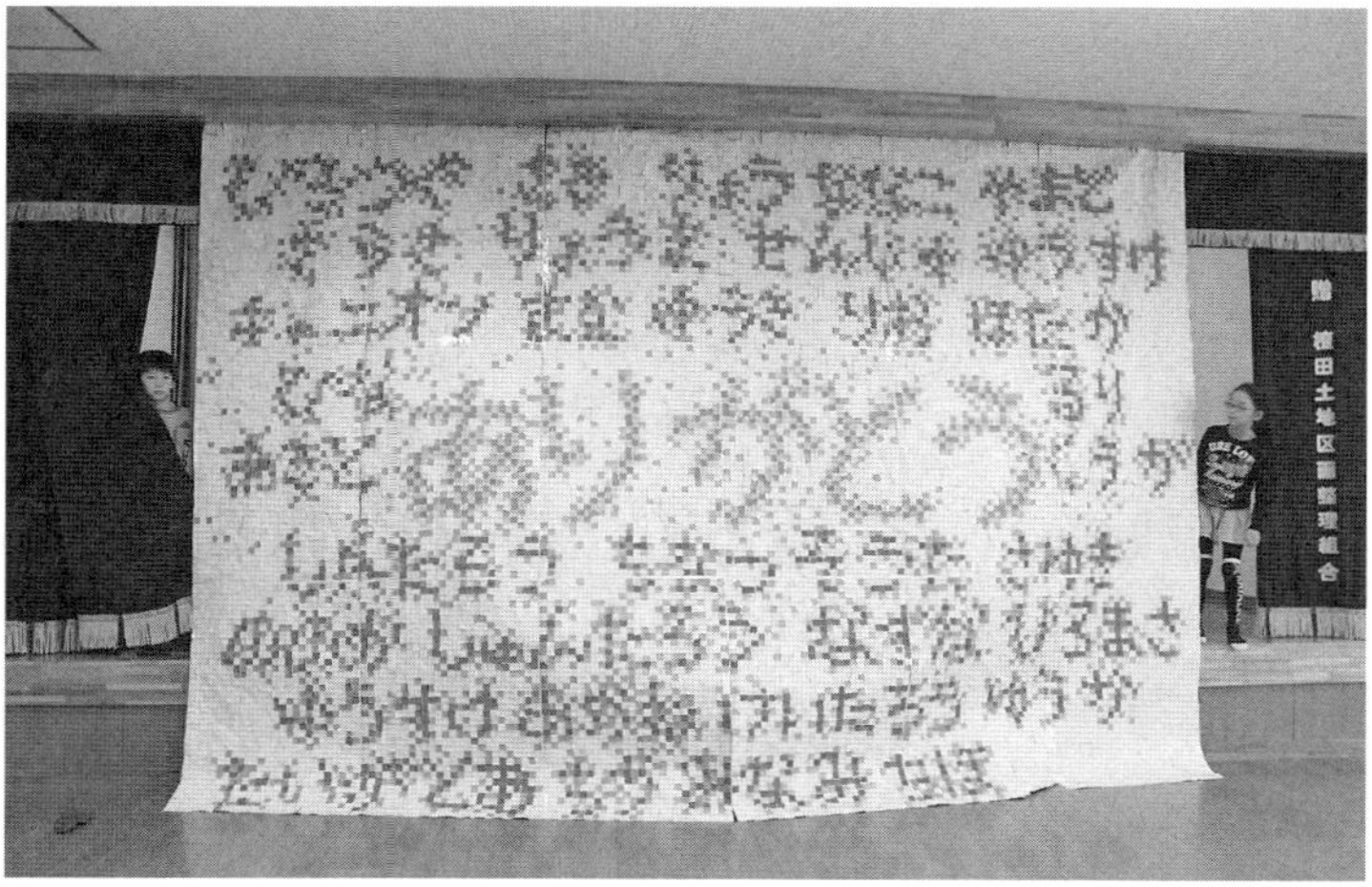

大成功に終わったモザイクアート。「ありがとう」の文字と子どもたちの名前が浮かび上がった

「あっ、俺の名前出てきたぁ！」「〇〇ちゃんの名前あった」。それでも最後まで真剣に貼り続けた結果、なんと予定時間ぴったりに、モザイクアートはでき上がった。小谷は「神様が味方してくれた！」と本気で思った。

それぞれの絨毯を合わせて、ステージに吊るす。

「うわーっ」

子どもたちも学生も保護者も、みんなが感嘆の声を挙げた。自分の名前をやっと見つけられた子もいるし、「できたー！」と叫ぶ子もいた。保護者たちの目に、胸に、その真ん中に浮き出てきた「ありがとう」の文字と自分の子どもの名前が飛び込んできた。

「ありがとう」「準備、大変だったね」「ご苦労様でした」

保護者たちは口々に、小谷や他の学生たちに声を掛けていた。

小林は、モザイクアートを見つめる子どもたちの眼がきらきらと輝いていたことが、本当に嬉しかった。

活動の終わりには、保護者たちが小谷たち学生に向けて感謝の品を贈った。それは貼り合わせた大きな模造紙に、学生に向けた子どもと保護者からの感謝の言葉と写真が貼られているものだった。

なぜ「1対1でもいい」のか

小谷は4年生になった。ほかのYOU遊の4年生と同様に自由な立場で活動に参加し、子どもたちとの関わりを楽しむようになった。「こっちの方が自分の性にあっている」と思ったりもする。

4年生は、やはり2、3年生よりも強い先輩になる。小谷は改めて、後輩にとって、先輩の言葉は「押し付け」になる力を持ってしまうことに気づいた。けれど、経験のある4年生だからこそ見えることもあり、ちゃんと言った方がいいと思うこともある。小谷は「こうしなきゃいけないと思います」ではなく、「僕はこう思いました」と言うように気を遣わなくてはいけないなと思うようになった。

こんなふうに4年生になって活動して、初めて整理できたことがある。

2年生の3月の話し合いの後、「長として言わなくてはいけないことがある」を自分に言い聞かせる中で、ずっと心にひっかかるものを感じていた。それがどういうことなのか、自分でもはっきりしていなかったことが、ようやくわかってきた。

なぜ、自分は6時間にもわたって「1対1でもいいじゃないか」と言い続けたのか―。学生と子どもの1対1の関わりが、活動自体にとっては弊害があることや、当事者にとってもいいことだとは言えないということ、それはわかっていた。

あの時の話し合いでは言わなかったが、小谷には一つの忘れられないエピソードがあった。

2年の5月、湯谷キャンのスタッフをしていた女子学生が、なぜか途中から活動に来なくなってしまった。小谷が姿を見かけて話しかけると、その理由を教えてくれた。

女子学生は、湯谷の先輩が「1対1のままでは、子どもとその人だけの関わりになってしまってよくないので、なるべくたくさんの人と関わるようにしてください」とはっきり言うのを聞いて、「1対1はダメだ」と自分の行動を否定されたように感じたのだという。

「それを聞いてどうすればいいのか、わからなくなっちゃった。1対1でも私は真剣にその子と関わり合おうとしていたし、その関わりを大切にしようとしていた。それを完全に否定されてしまって、行けなくなっちゃったんだ」と言ったのだ。

彼女は自分の中に、子どもとの付き合い方の基盤となる部分を育てたかったのかもしれない。これを聞いた小谷は、寂しいと思ったのだ。

信大YOU遊は、それぞれの学生の意志で、モチベーションで参加できるものであるのに、断言する言葉によって、1人の学生の真剣な思いが断たれてしまったということ。それは「あってはならないこと」だと、小谷は思った。

自分がプラザ長になって、「1対1はダメだ」と断言することは絶対にあってはならなかった。YOU遊は「やりたいことをやりたい人がやりたいようにやる」という自主自律のもとに行われている。活動における自分の参加スタイルに関わることを強制するようなことがあってはならないのだ。だから、小林や青木の意見を聞き入れまいと頑張ってしまった。

振り返れば、あの時の話はお互いに譲らず、平行線だった。単に学生に押し付けるか否かの議論になってしまったのは、話し合いの仕方もわかっていなかったからだと思う。

長として言わなければいけないことを、「押し付け」にする必要はなかった。それを言うことによって気づいてもらうきっかけをつくることが、長の役割だったんだ、と思うようになって、ようやく自分の思いが収まるべきところに収まったように感じている。

人って、一度言われてみないといろいろと考えないと思います。子どもとの関わりかたでも、無意識に1人の子どもと関わっていた人もいるだろうし、意識的に関わっている人もいるし、いろいろな人がいます。客観的に見て、学生も子どももより多くの人と関わりを持った方が経験になってよいと思います。だから、その時どう思われるかわかりませんが、上に立つ人が「1人の子どもと関わることもすごく大切だと思うのですが、他の多くの人たちと関わることを大切にしてほしいという願いもあります」と伝えられたら、それは押し付けではなくて、考えてもらうきっかけになるのかなと思いました（小谷）

プラザ長という立場でなくなって１年近く経ち、得ることのできた答えだった。小谷は今、ありったけの感謝を、湯谷小子どもランドに向けている。

第3章

「0を1に」—通学合宿をつくる

青木村えがおクラブ

プラザの始まり

青木村との出会い

２００５年２月16日、理科教育専攻２年の松本龍一（仮名）は、信大ＹＯＵ遊の顧問である土井進教授、仲間の１人と一緒に青木村へ向かっていた

「青木村では教育に力を入れていて、新しい事業で学生の力を必要としているそうです」土井先生からそう話を聞いて、松本は「とにかく見学してみよう」という軽い気持ちで青木村へ行くことにした。

青木村は教育学部キャンパスから車でおよそ1時間かかる。江戸時代から明治の初めに、百姓一揆が全国最多の５回も発生した地域で、村の人々の命を守ろうと一揆を起こした人々を義民として大切にしている村だ。

松本たちを待っていたのは、前年の２００４年４月に青木村教育長に就任した小岩井彰さんだった。温かい笑顔で迎えてくれた。

村は一面の雪に覆われていた。松本は、小岩井さんに案内してもらいながら、自分の故郷である福井県越前町を思い出した。規模は越前町と同じぐらいだろうか。なんとなく懐かしいような親しみがわいてくる。

小岩井さんは、青木村には学生グループが思い思いに活動できる態勢があること、それらが連携、協働しながら、学び合うネットワークができていて、すでに信大工学部や長野大学等、他の学生グループも活動していることなどを話してくれた。

「こんなところで活動してみたいな」

松本の気持ちは、少しずつ高ぶってきたが、同時に「初めて立ち上げる活動だから、大変だろうな」という不安もあった。

「青木村のこの真っ白いキャンパスに、思う存分好きな絵を描き、力いっぱい自分の思うようにやって、どんどん失敗してみたらいい」

小岩井さんのこの言葉に励まされて、松本は「うまくいかなくてもいいから、自分なりに精一杯やってみよう」と、プラザを立ち上げてみようと思い始めた。この時はまだ、自分たちが青木村で何をやるのか、ということは知らないまま。

松本は2年生になってからYOU遊の活動に積極的に関わり、「湯谷小子どもランド」や「茂菅ふるさと農場」、障害児教育の「にこにこクラブ」など複数のプラザに参加してきた。それとは別に1年の時から、伊那市にある国立信州高遠青少年自然の家が主催する夏の11泊12日子どもキャンプにも、ボランティアとして参加。大学の休日のほとんどをYOU遊か、他の野外活動に費やし、宿泊も年間30日近くに及んでいた。その上、可能な限り教員免許や資格を取得しようとしていたから、松本のスケジュール帳は常にびっしり予定が書き込まれていた。

YOU遊の活動では自分も一つプラザをやってみてもいいかなと思っていました。前から続いている活動は先輩からの流れがあるので、活動の内容がほぼ決まってきているのですが、ここは初めからつくれる。そこに引かれたんだと思います。通学合宿はどういうものかよくわかりませんでしたが、キャンプの経験も生かせそうだと思いました（松本）

自分でプラザを立ち上げることを決めた松本は2005年3月、小岩井さんのところにあいさつに行った。そこで初めて小岩井さんは、新年度から青木村が取り組む通学合宿について話してくれた。

通学合宿と社会力

今では珍しくなくなった通学合宿だが、２００５年の時点で青木村教育委員会がこの事業を行うためには、大変な努力が必要だった。

通学合宿は、年齢の違う子どもたちが共同生活をしながら、自炊や掃除、洗濯など、身の回りのことを自分自身で行う。それによって自己肯定感が高まったり、仲間と協力する大切さを知ったり、自主性が出てきたりする。別の言い方をすると「社会力」が育まれるという。「社会力」とは「生きる力」という言葉にも近いが、教育社会学者の門脇厚司さんが提唱した概念で、「人と人がつながって新しい社会をつくる力」のことをいう。

小岩井さんは村の教育長として、子どもの社会力育成を中心にした教育行政の組み立てに取り組んでいた。中でも、通学合宿は重要な事業の一つだった。自己肯定感が低い、人との関係が希薄、無気力、無関心など、非社会化が進んでいる若者、子どもたちの世代に、社会力の育成は必須であり、その一つの手段として通学合宿が有効だと考えていたからだ。

社会力を育成するためには、多様な他者が直に相互に行為し合う（多くの人々と関わり、やり取りし合う）環境が必要です。これによって人に対する関心、愛着、信頼が培われます。これらが身に付いていれば、自ずと学力が向上し、不登校などの解決も期待できます。村の教育目標である「心豊かでたくましい子どもの育成」において大事なことは、人のことでも自分のことのように思える心情をどう育てるのか、そして人との関係を切り開き、新たなものを導き出していく、そういうたくましさをどう育てていくのか、という視点で、「社会力」が大切なのです。これが教育に携わる自分の軸となっています（小岩井）

小岩井さんは社会力という言葉はもちろん、社会力育成のための施策が周囲でもほとんど理解されていない段階から、村の教育行政の再構築と通学合宿実施の準備を同時に進めてきた。小岩井さんにとって、それは「ニコニコ顔の命がけ」ともいえる大仕事だった。当時、通学合宿は、全国的に取り組む市町村が徐々に増えてきてはいたが、長野県内で実施されていたのはほんのわずか。しかも、5泊6日は例がなかった。小岩井さんは、青木村で行うことの意義、期待できる効果などを繰り返し説明し、村の社会教育委員会にも

「通学合宿の必要性」を諮問した。そして「昔の道祖神行事と似たような教育効果があり、地域の大勢の人たちが関わるとコミュニティの再生や活性化につながる」という答申を引き出した。それを元に村長に理解を求め、議会に諮り、予算がついて、事業実施の見込みがついたのは２００５年が明けてからだった。松本たちと会ったのは、そのすぐ後だ。

小岩井さんは社会力育成を説明する時、「１人の子どもを育てるには、村一つが必要だ」というアフリカのことわざをよく使う。１人の子が育つには、一つの社会全体が関わっているということだ。

小岩井さんは、村全体で子どもを育てるために地域の力がうまく働くよう、「子どもはつらつネットワーク」を立ち上げた。ネットワークでは保育士や小・中学校の教師、読み聞かせグループや役場職員、ＮＰＯなど、子どもの育成に関わる人々がつながっている。ここに、学生たちのグループ「わこうど」という枠があり、信大ＹＯＵ遊も「わこうど」に入ることになっていた。小岩井さんは「わこうど」を、「学生から若く安い労働力を引き出そうという姿勢ではなく、ともに育ち合うという仲間意識を持ち、緩やかに連携する青木村学びの共同体」と定義していた。つまり、青木村はあらかじめ、松本たちのような学生を村の子育て仲間として受け入れ、協働できるような態勢を整えていたのだ。

小岩井さんは若者たちに、中でも教員を目指す学生たちには、社会力を身に着けてほしいと願っていた。土井教授には、教育長就任直後に「青木村を学生たちの学びの場としてほしい」と学生派遣について依頼し、教授も「ぜひ、青木村で学生たちに学ばせてほしい」と応じていた。教師の実践的指導力の大元には社会力がある。土井教授は、青木村で学生たちの社会力が育てられることを確信していた。

そうはいっても、信大ＹＯＵ遊は学生の自主的な活動である。学生たちが自ら活動をしていこうという気にならなければ、話は前に進まない。

松本がここで活動をしていきたいと伝えたことで、小岩井さんと土井教授はほっと胸をなでおろしたことだろう。

メンバー集め

信大ＹＯＵ遊は年度ごとに発足式を行う。４月に新プラザが立ち上がり、各プラザの正副プラザ長も一新される。同時に、松本キャンパスからやってくる新2年生を新たなメンバーに迎える。新年度になったからには、新たなメンバーの発想、自主自律で取り組んでいこうという趣旨がある。

松本がプラザ長を務める「青木村えがおクラブ」も、２００５年４月に新プラザとして立ち上がったが、何より大変だったのは、青木村に参加するメンバーを集めることだった。

６月に通学合宿を行うと聞いていた松本は、発足式までの間、何度か村に通い、通学合宿の実施の目的、合宿の規模、学生の役割や大雑把なスケジュールの流れなどについて、村教育委員会と打ち合わせをしていた。

６月の合宿までの準備期間は短く、悠長にしてはいられないのだが、それまでもＹＯＵ遊に参加していた3年生は、すでに役割や方向性が決まっていて、なかなか1週間も連泊する活動に参加できる人はいなかった。そこで松本は、高遠青少年自然の家の11泊12日キャンプで知り合った、教育学部2年生の岡田奈々子（仮名）に声を掛けた。

岡田は教育実践科学の専攻で、不登校などの小中学生の支援キャンプを企画運営する「チーム95」のメンバーであり、信大教育学部のほか長野大学、長野県短期大学などの学生と一緒に活動をしていた。松本が「不登校じゃないけど、一緒にやらないか」と誘うと、岡田は興味を持った。

キャンパスで友達といるところに声を掛けてもらって、あまり深く考えず、すぐに参加を決めました。子どもたちの生活の様子や成長が見られるし、企画から考えさせてもらえるのは勉強にもなるし、面白そうだからやってみようと思いました。友達が他の子に声を掛けてくれ、私も同じ専攻の仲間に声を掛けました（岡田）

岡田のおかげで2年生も6人が参加してくれることになり、松本が声を掛けた3年生の4人、合わせて10人で通学合宿を切り盛りすることになった。信大以外の学生も2人いた。ようやくそろったメンバーで、通学合宿のための定期的な話し合いができるようになったのは4月中旬。松本が専攻する理科教育の研究室・教室があるW館1階のロビーで、週1～2回、夕方5時半ぐらいから1時間半ほど話し合いの時間を持った。

まずやらなくてはならないのは、それまでに松本が村教育委員会と打ち合わせてきた内容を、メンバー全員が共有することだった。学生たちが担当するのは、食事メニューを含む生活部分の内容を企画することと、合宿6日間の運営だった。村教育委員会が通学合宿で設定した狙いは次の四つで、これらの狙いが達成されるように企画・運営をしていかなくてはならない。

①家族と住み慣れた環境から離れ、自主、自立の心を培うと同時に、家族のありがたさに気づく。
②テレビやゲーム機、携帯電話のない生活の中で、時間の使い方を学ぶ。
③異年齢との集団で共同生活をすることを通して、思いやり助け合いながら生活する楽しさを学ぶ。
④目標を持って生活する楽しさを知る。

学生たちは、キャンプでの経験や青木村小学校の修学旅行の資料などを参考にしながら企画案を練り、松本はそれを持って週末に青木村に通い、村教育委員会と話し合いを重ねた。

最初の壁

村の人々

通学合宿に向けた話し合いを進めていた4月下旬、松本は小岩井さんから連絡を受けた。「5月14日に青木村で、はつらつネットワークの親睦会をやることになったから、信大の学生も出席するように」

「青木村えがおクラブ」は、「子どもはつらつネットワーク」の中の学生活動グループ「わこうど」の一員になっている。小岩井さんは、ネットワークに関係する村の人々に、初めて行われる通学合宿について知ってもらい、担当する学生たちを紹介しようと連絡してきたのだ。

ネットワークに所属している人たちは皆、仕事を持っているので、親睦会が始まるのは夕方だ。青木村で行われる夜の親睦会に出るためには、泊りがけは必至。松本たちは翌日、他のプラザの活動に参加する予定だったため、親睦会に出られる学生はいなかった。

松本は小岩井さんに電話をかけた。「申し訳ないんですが、僕らはほとんど出席できそうにありません」。

電話の向こうで小岩井さんが言った。「なんで来ないんだ⁉」

僕らは4月に発足したばかりで、この時はまだ意識が甘かったと思います。ネットワークの人たちと一緒に何かやるというわけではないので、この時は別に出なくてもいいと思っていました。僕らは「わこうど」の一つという意識があまりなく、あくまでYOU遊が主体でしたので、他のYOU遊の活動にお手伝いに行く方を優先に考えていたんです。この時の認識のギャップは大きかったと思います（松本）

結局、松本ともう1人が親睦会に参加したが、小岩井さんには「君たちは、はつらつネットワークの人たちを大事にしていない、もっと村の人たちを大事にしなさい」と叱られてしまった。松本たちにしたら、自分たちは学生であり、あくまでも大学の活動の延長だった。その上、自然の中や決められた場所でのキャンプ経験がベースになっていたので、「通学合宿が村の人々の暮らしの営みの中で行われる」というところまでは、まったく思いが及ばなかったのだ。

しかし村の方では、通学合宿が近づくにつれて、何度も何度も村に通ってきてくれる学生たちへの関心が高まる一方だった。

合宿企画の話し合いのために、青木村を訪れていくうちに、私たち自身の存在が地域に広まっていることに気づきました。そしてその浸透によって、私たちはすぐに青木村で温かく迎えていただくことができました。合宿企画のために泊まっている私たちを知って、地域の方が朝ごはんを差し入れてくださったり、激励の言葉を掛けてくださったり、そんな温かい人と人との関係に合宿前にしてすでに心を打たれました。（竹本美奈子・「平成17年度『信大ＹＯＵ遊世間』教師教育学研究第12集」より抜粋）

小岩井さんから「もっと村の人たちと関われる機会を持った方がいい」と助言された松本たちは、村のお年寄りたちと一緒にできる活動、ということで、グランドゴルフ大会を開くことにした。

中高年の方々と接する機会は、日常生活ではほとんどなく、最初、どんなことを話したらいいのか困っていましたが、一緒にゴルフをやるうちに自然と興奮してきて「頑張ってください！」「あー、おっしい」と、言葉が次から次へと出てきて、すっかり不安な気持ちがなくなった。青木村の方からも「ほら、若いんだから頑張って！」と応援していただいたりコツを教わったりと、とても有意義な時間を過ごすことができた。その後の懇親会では、村の現状や問題を知るとともに、活力ある青木村にするために中高年の方々が頑張っていることを知り、若い世代と中高年の方々との交流が地域の活性化につながる一歩だと感じた（小林加奈・「同」より抜粋）

プレ合宿、グランドゴルフ…と何回も村に足を運びながら、学生たちはだんだんと村に馴染んでいった。

ただ、グランドゴルフ大会が開催されたのは、通学合宿本番9日前の6月11日。松本にしたら準備のことが気がかりで複雑な気持ちだった。

「合宿する子どもたちとの交流ならば意味があるのに。どうして今、村の人たちと交流しなければならないんだろう」

もっとも葛藤を抱えていたのは、プラザ長である松本だった。

結局、松本が交流の意味を知ることになるのは、合宿が始まってからだった。

合宿中の様子は有線で村中に流れていて、親以外の大人からも声を掛けられました。お風呂に行く時には、「おお、通学合宿にいっているんかい」、お風呂に入れば、おばあちゃんたちが「子どもたちに会えて嬉しいねえ」と話しているのが聞こえました。翌年からは、村の人にご飯づくりのサポートもしていただいて、子どもたちも、地域に頼れる大人がいることを知ることになったと思います。私は「あおきっこ合宿が中心になって地域が元気になっている」と思いました（岡田）

村のお風呂を無料で貸してくれる。村の人が差し入れをしてくれる。村の中を歩けば声を掛けてくれる…。

自分たちだけで通学合宿をするのだとばかり思っていた学生たちは、村の人々がこれほどまでに支えてくれているということに、そこで初めて気がついた。通学合宿前に、村の人たちに自分たちのことを知っておいてもらう必要があったこと、小岩井さんが「もっと村の人たちを大事にしなさい」と言った意味がようやくわかるのだが、合宿前は、目の前のことに精一杯の松本には、理解する余裕がなかったのだ。

定員オーバー

村の人々との交流と並行して、通学合宿の準備も進んでいた。

5月に松本たちが参加したはつらつネットワークとの親睦会の翌週、学生たちは1泊2日のプレ合宿を行った。実際に通学合宿で子どもたちが宿泊する青木村文化会館に泊まり、合宿で使うことができる備品を確認したり、部屋やスペースに見合う人数などを検討した。

村教育委員会は、通学合宿の名称を「あおきっこ合宿」に決め、プレ合宿後の5月25日、「合宿への参加募集のお知らせ」を青木小学校に配った。締め切りは9日後。松本たちは、募集人員を36人とした。村教育委員会の主事、上原博信さんが小学校に出向いて、子どもたちに説明した。子どもたちの反応は良かったようだ。

それでも会ったこともない大学生のお兄さん、お姉さんといきなり5泊6日の合宿をしてみようという子どもたちはどれぐらいいるのか、保護者は出してくれるのだろうか。村教育委員会や学生たちの心配をよそに反応は上々で、なんと7人オーバーの43人が応募してきた。

村教育委員会から連絡を受けた松本は戸惑った。「43人応募」の情報を聞いたメンバーたちも一様に驚いた。応募があった、ということよりも、定員をオーバーしている、ということへの戸惑いが大きかった。

「無理だと思う。7人もオーバーしているなんて」

「減らしてもらおうよ」

部屋の広さや椅子の数、学生スタッフ10人で切り盛りすることなどを考えて割り出した36人という数字。学生たちにとって、それは精一杯の数字だ。それを超える子どもたちを受け入れることは考えられなかった。

松本はメンバーの意見を受けて、小岩井さんに電話をかけた。

「管理するのが難しいので、応募者を制限して、人数を減らすことはできませんか」

しかし、小岩井さんの答えは「NO」だった。

「子どもたちが通学合宿に思いを寄せている。それだけ期待されているということなんだ。初めから断ってしまうことはできない。私が責任を持つ。応募者全員を受け入れて面倒をみるように」

学生たちにとっては厳しい状況だったが、教育長の方針にはしたがうよりほかはない。

５班で考えていた子どもたちの班分けを６班に増やした。

応募締め切りの１週間後、合宿の10日前には、参加する子どもたちと保護者への説明会が開かれる。その前の日曜日、上原さんが教育学部へやってきて、学生たちと慌ただしく打ち合わせが行われた。日程の詳細など、説明会で配る資料に載せるべきことが、学生たちの企画ではまだ決まっていなかったからだ。

説明会の後にはもう一度、学生スタッフ全員で１泊２日のプレ合宿を行い、参加人数に合わせて献立や調理の手順、鍋や包丁の数など細かいことを確認し合った。

初めての通学合宿に向けて、松本たちは、何を、どこまですれば「準備万端」と言える状況なのかは見当もつかなかった。それでも学生なりに考えられる限りの準備をして、いよいよ通学合宿の当日を迎えた。

通学合宿が始まった！

初日

２００５年６月20日月曜日午後４時。ランドセルを背負った子どもたち43人が、青木村文化会館に続々と入ってきた。

文化会館２階の講堂に全員集合すると、子どもたちを六つの班に分けて、班ごとに自己紹介が始まった。子どもたちは前日の午後、保護者と一緒に「はじめの会」に参加し、それぞれの荷物は搬入済みだ。スタッフの紹介、館内の使い方などの説明も一通り受けている。いよいよ大学生のお兄さんお姉さんたちとの合宿が始まるという緊張感からか、子どもたちの表情は硬い。

学生スタッフは、自分の受け持ちの班の子どもたちに優しく声を掛けながら、簡単なゲームをして空気を和ませる。その後、皆で夕食の準備に取り掛かった。メニューは焼きそば。この頃になると、子どもたちの緊張も解け始めたのか、だんだんと声が上がるようになり、学生スタッフにちょっかいを出す子も出てきた。

講堂に集まった 43 人の子どもたち。あおきっこ合宿 1 日目、これから始まる通学合宿への期待と不安の表情が見える

夕食を片づけたら、宿題。そして明日の準備、布団を敷いてから食堂で日記を書いた。

松本たちは講堂の前の広間を食堂に使い、机と椅子を並べて勉強もできるようにしていた。寝る場所は講堂で、仕切りを入れて男女別々のスペースになっている。

いよいよ寝る時間になった。たくさんの布団を並べて敷いたところにパジャマになった子どもたち。ふざけて取っ組み合ったり、男子のスペースから女子のスペースまで枕を投げたり…。興奮が最高潮に達してしまった子どもたちは、なかなか静まらない。学生スタッフが「静かにね」と言うと、女の子はヒソヒソ話ぐらいに収まるのだが、男の子はそれでも大騒ぎが続く。スタッフは子どもたちを叱ったりたしなめたりしながら、なんとか落ち着かせようと頑張った。父親のように強く「おい、静かに。眠れないだろう！」と言ったりもした。予定では9時30分に寝るはずだったのだが、遅れ気味の時間がさらに遅くなり、子どもたちが寝付いた時は、すでに11時を回っていた。

ボランティアで参加したキャンプでは、自分たちも参加側なので、困ったらどうするかを聞けばいいのですが、ここは他に頼るものがない。何かあっても自分たちでなんとか収めなきゃならない。企画したのも僕らだから、自分たちがやらなきゃいけないという感覚が強かった。親のような「育てる」という感覚を勉強させてもらったと思います。育てるということは学校教育だけじゃない、ということも、とてもよくわかりました（松本）

子どもたちが寝た後、学生スタッフはその日を振り返り日記を書く。その日の様子や出来事をＡ４のプリントにまとめ、翌日子どもたちに配ることにしていたからだ。全体の様子とそれぞれの班ごとにまとめた文章で構成されていた。

あおきっこ話　６月21日（抜粋）

昨日はあおきっこ合宿の初日でした。

みんなが楽しみにしていた班分けはどうでしたか？

５泊６日も家を離れてお友達と泊まることにドキドキしていた子もたくさんいましたね。

でも、焼きそばを作っている頃にはチームワークもばつぐんでとても楽しそうでした。

自分の場所を決めてお友達と一緒に寝た夜はどうでしたか？

男の子と女の子お互いににぎやかな夜になったことは、とてもいいけど、もう少し早く寝ましょう。

１班きいぼう通信《１日目》

楽しみでドッキドキなあおきっこ合宿が始まりました。

文化会館にぞくぞくと帰ってくる姿を見て　きいぼうはとてもわくわくしたよ〜。

１班のみんな。焼きそばとってもおいしくできたよね。卵スープもおいしかった。

きいぼうは焼きそばをこがして、そしてソースのかけ方をてきとうにして、みんなに怒られたよね(-_-!!) 反省してます。

1週間よろしくね!!（1班学生スタッフ　きいぼう）

翌朝は6時起床。6時30分までに洗面を済ませて、朝食を作ることになっていた。パン、サラダ、目玉焼きという簡単なメニューを用意したつもりだったが、朝食を作ったことのない子どもたちは、どうしても時間がかかってしまう。学生スタッフが、包丁を使える子にキャベツを切ってもらい、その間に別の子とフライパンに油をひいて目玉焼きを作る…といった具合にフォローしたが、どんどん時間が過ぎていく。7時にご飯を食べ、片づけて歯磨きをして、7時40分に登校する計画はあっという間にずれ込んでいき、そばで見ていた小岩井さんは相当にひやひやしていた。

学生たちはそれでも、子どもたちになんとか朝食を食べさせ、学校に間に合うように送り出した。

それぞれの試練

子どもたちが学校へ行っている間、学生たちが休めるかといえばそうではない。班付きのスタッフは、子どもたち1人ひとりの日記を読んで返事を書いたり、食事、救護、レクリエーションの準備で作りものをしたりと、何かと忙しかった。

子どもたちが学校から帰ってくるのは午後4時。それから子どもたちは学生と一緒に、洗濯、買い出し、食事作り、夕食、片づけ、歯磨き、勉強、入浴、明日の準備、洗濯物干し、最後に1日を振り返って自分の日記をつけ、ようやく寝る時間になる。2日目のフル活動で、すでに疲れ始めた子が出ていた。学生たちにとっても〝分刻みのスケジュールを回す〟という経験は初めてで、スタッフ10人はまさにてんてこ舞いだった。

3泊だと「楽しかった!」で終えられる子どもたちも、3泊を超えると我慢の限界を超える。本音を出さずにはいられなくなり、ささいなことでケンカが始まるなど、トラブルが多くなる。「疲れている中で4泊目を乗り越えて、さらに5泊6泊するのが通学合宿なんです」と小岩井さんはいう。子どもたちが悲しくなり、お母さんたちに会いたいという気持ちになってこそ、通学合宿の意味があるというのだ。

3日目の水曜日は、子どもたちが学校から帰る時間が1時間早かった。それを利用してレクリエーションを行い、さらに前日と同じ予定をこなした。二晩の寝不足が続いている子も多く、親に会えずに過ごすことも大変で、子どもたちにはそれまでと違った様子が現れてきた。

4年生の女の子が宿題を終えてから岡田のところにやってきて、「今日はねえ、学校で…」と急に話し掛けてきた。「あれ?」と岡田は思う。いつもは、宿題を終えるとすぐに友達と遊び始めるのに、何か様子が違う。その子は、とりとめのない話を続けて、岡田から離れようとしなかった。夕飯の後も別の子がやってきて「手をつないでね」と言う。

「やっぱり、寂しいんだな…」

岡田は、今は自分たちが親代わりであることを改めて感じていた。

この山場となった3泊目、寝る準備ができたところで、子どもたちに家族からの手紙が渡された。学生スタッフが介入することなく、1人ひとりが手紙と向き合えるよう、班長の子からそれぞれの班の子どもたちに手渡す方法を取った。翌朝、学生たちは子どもたちが口々に、「あの手紙ってよかったよ」「嬉しかった」というのを聞いた。

神妙な顔をして読んでいる子、泣きそうな顔で読む子、大事そうにしまい込む子。

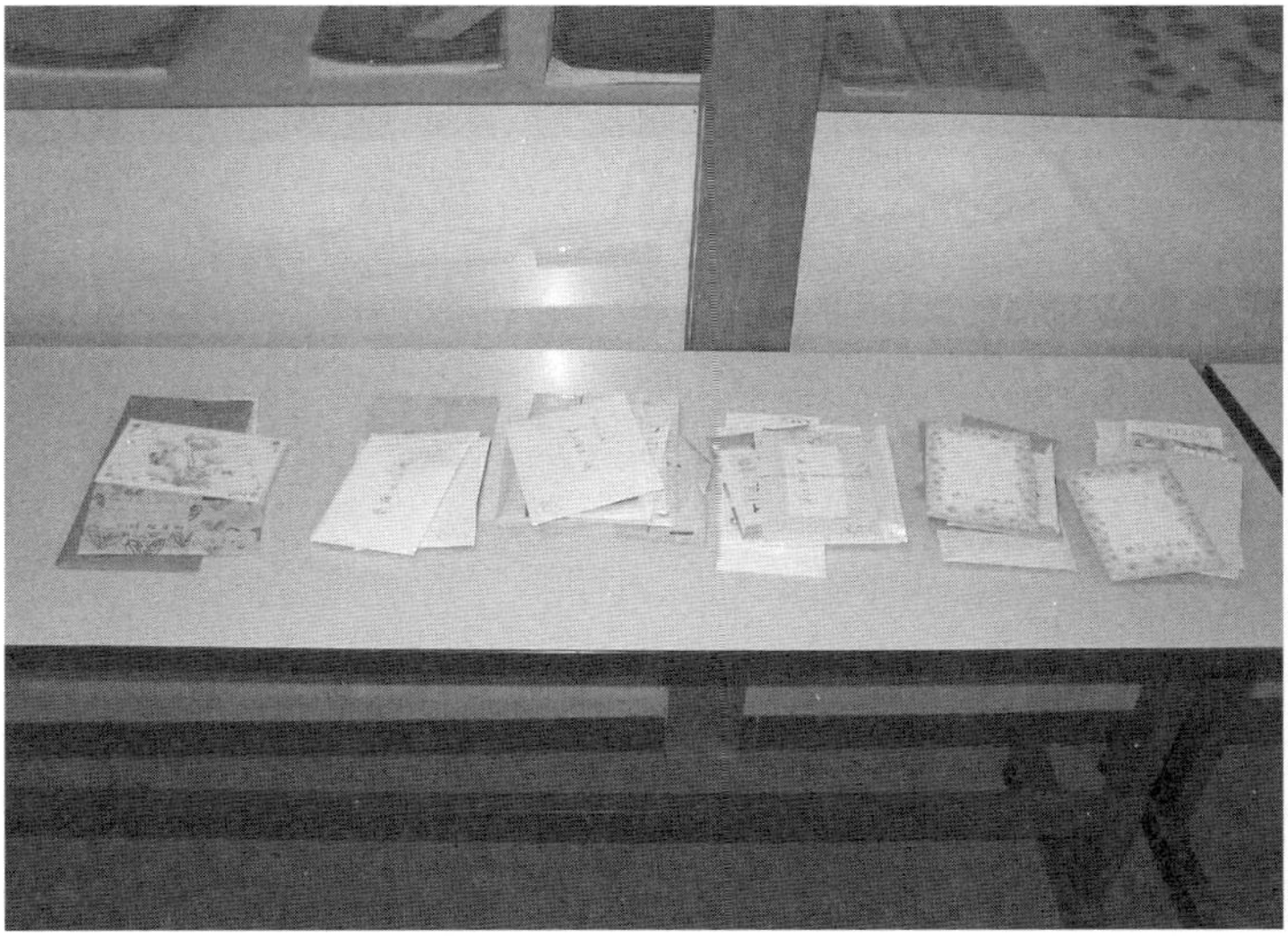

合宿３日目、家族から子どもたちへ渡された手紙。子どもたち１人ひとりへの家族の愛情がいっぱい詰まっている

みんな楽しそうに生活していたけれど、やはり家族と離れて寂しかったのだと思います。後で、その手紙を子どもたちに見せてもらいましたが、親や家族は、こんなに子どもたちを大事に思っているんだ、１人の子どもの後ろには、こんなにもたくさんの人の思いがあるんだということを知った時、自然と涙が出てきました。１人ひとりの子どもを大切にしていかなければならないと改めて思いました

（本山裕子・「平成17年度『信大ＹＯＵ遊世間』教師教育学研究第12集」より抜粋）

3日目には、小岩井さんのところにも学校からいくつものクレームが入ってきていた。授業中に寝ている子どもが続出しているという。4日目に子どもたちを送り出した後、小岩井さんは松本に言った。

「なあ、今日は子どもたちをもう少し寝かせてやれ。6時に起きて、ご飯を作って食べて、夜もいろいろ活動して、風呂入って…。体が休めていなくて大変だから、もう少しゆっくり休ませてやれ」

子どもたちが疲れていることは、松本も実感していた。子どもたちのケンカや小さなトラブルも頻発している。松本は皆で話し合い、その日の夕飯と翌日からの朝食は学生スタッフが作ることにした。疲れているのは子どもたちだけではない。学生たちも小岩井さんも上原さんも同じだった。

昼間は役場で公務をこなし、夜は学生とやり取り、朝には子どもたちを送り出していた小岩井さんはほとんど徹夜で、3日目にもなると、ふらふらして倒れそうになっていた。社会教育委員たちが様子を見にきて、「ちょっと、まだ無理があるかな」という話が出ると辛かったという。

小学校から子どもたちが寝ているとの連絡が来た時は、「子どもたちが寝ないような、もっと面白い授業をやってください」なんていうひどいことも言いました。掃除に来た人たちから「(学生の)パンツ、落ちていたわよ」とか、職員の中にも「あんなに態度がよくない、あいさつもしないような学生じゃ、だめだよね」とか、学生の批判も出ていました。それも無理はなくて、寝ていないから、クタクタになってフラフラしているんです。子どもたちに片づけをきちんとしなさいと言っても、自分たちのいるところをきれいにしている余裕なんかありません。本当に彼らはよくやってくれていました(小岩井)

小岩井さんは外からの学生批判がどれだけきても、「すばらしい学生たちに来てもらっている」と言い続けた。

たとえば小学校からは、急な持ち物などのお便りが家に伝えられなくて困る、という連絡が入りました。そこで私たちが受け取り、夜にお便りを保護者に渡したこともありました。小岩井先生は学校の状況もよくわかっていて、申し訳ないと思われながらも毅然とした態度を取っていましたね。この事業は重要であるから、トラブルはいくつもあるけれど、常に〝やるためにはどうしたらよいのか〟と考えていたと思います（上原）

しかし学生たちに対して、小岩井さんは厳しかった。

毎晩、子どもたちが寝入ると学生たちのミーティングが始まった。班付きの学生が、子どもたち1人ひとりの様子と気づいたことを話し、それに対して意見が出される。

「お母さんに会えなくて寂しくて具合が悪くなってしまったみたい。どんなふうに対応すればいいかな」

「それじゃ、皆で声を掛けたり、話し掛けたりして〝あなたのことを気にかけているよ。見ているよ〟とわかるように態度で伝えてみようよ」

学生たちは、お父さんやお母さんの代わりに子どもたちをフォローし、守ろうと一生懸命だったが、新鮮な体験なだけに話すことが多くなり、たっぷり時間がかかる。小岩井さんと上原さんはいつも、それをじっと聞いていた。

ミーティングの最後に、小岩井さんがまとめのコメントを出す。

学生たちは自分のイメージにしたがって、納得のいく話をしているつもりだったが、小岩井さんのコメントはいつも辛口で、合宿中ずっと繰り返されたのが「具体で示せ」という言葉だった。

そう言われても、ピンときていなかった学生たちだが、２日目の夜に自分たちの「机上の空論」を実感することがあった。

「靴をそろえると言っているけれども、どういうふうにすることが靴をそろえることなのか、玄関へ行ってやってみなさい」

ああ、またか…。みんなは小岩井さんについて面倒くさそうに、ぞろぞろと玄関へ行く。すでに日付が変わっている。

「１人ひとり、これが靴をそろえると思うやり方でそろえてみなさい」

数人がもそもそと靴を並べ始めた。すると、１人は脱いだところで下駄箱に入れずにそろえ、別の１人は下駄箱につま先を奥にして入れ、もう１人はつま先を手前に向けてそろえていた。

「ほら、靴をそろえた方がいいと言うけれど、それぞれのイメージがこれだけ違っているところで、議論している。机上の話だけでうまくいかないのは当たり前のことだろう。

現場で、具体で示さないとわからないんだ。言葉を具体で共有しなければ議論にならない。これからは具体で検証したものを案として持ってきなさい」

この一件があってから、学生たちは「具体で検証する」ことを納得し、だんだんと実際に動きながら検討するようになっていった。

最後の晩と終わりの会

合宿5日目。このころになると、子どもたちは疲れていても、少し余裕が出てきた。熱が出ていったん家に戻ってしまった子や、途中で家の用事のためにどうしても帰らなければならない子もいたが、合宿をする仲間の中で、子どもたちは次第にそれぞれ自分の役割や、するべきことがわかってきたようだった。

朝食で食卓に着くと、静かな空気を感じた5年生の男の子がひょうきんなことを言って、みんなが一斉に笑った。「笑わせてくれたんだな」と岡田は思った。

昨日はケンカをしていた班の子が、自分から仲直りしようとしている姿を見つけた。学校の支度や着替える服を、いつもお母さんに用意してもらっていたらしく、ずっとメソメソしていた男の子が、頑張って自分から積極的に活動しようとする姿もあった。

「子どもたちは、こんなに短い間にもどんどん成長する姿を見せてくれる」

岡田は、子どもたちを頼もしいと思った。

最後の宿泊となった5泊目の夕方は、班ごとに好きな献立の準備をして、パーティーが行われた。ケーキを作った班もある。初日と違い、子どもたちもスムーズに調理ができたし、ビンゴゲームも盛り上がった。皆が〝最後の夜〟と思って過ごした時間。子どもたちは、家に帰れる安心感と同時に学生たちと別れなければならない、もう友達と一緒に過ごす特別な時間は終わってしまうのだという新たな寂しさも感じ始めていたことだろう。

この夜、学生たちはいよいよ、最終日の「終わりの会」の演出の仕上げに取り掛かった。「終わりの会の演出は、私たちにやらせてください」と宣言していたのだが、４日目の時点で、スケジュールには「午前9時30分からお別れの会」としか書かれていなかった。

小岩井さんから前日には説明するようにと言われていた松本は、使う音楽や話す言葉など、ある程度まとまった演出を、５日目の夜になってから説明した。

「具体がない」

小岩井さんがつぶやいた。計画書には、肝心な会場のレイアウトがない。小岩井さんは学生たちを広間に集めた。

「これはどういうことなんだ？　紙に書かなくてもいいから、この広間に立って実際にやってみた方がいい。あなたはどこに立つんだ？　こうやって動いてきて、ここではどこに立つの？」

学生たちは計画書を元に進行を考えながら、自分の立ち位置を探すが、イメージが漠然としているために、迷いながらうろうろしてしまう。

「わからないだろう。そのことを言っているんだよ。誰がどういう順番で子どもたちを入れるのか。保護者がいる場所はどこにするのか。会場の配置をきちんと示さないと。このまま動かしたらどうなるか。これでは何も考えていないのと同じになってしまうんだよ。現場に戻って具体で示してみなきゃだめなんだ」

学生たちには「子どものために何かしたい」という純粋な気持ちはあっても、具体的にどうすればいいのかがわからなかった。経験がない分、それは無理もないのだが、彼らは自分たちで演出をやらせてくださいと言ったのだ。小岩井さんは、どんなに手間がかかろうと学生たち自身に考えさせた。「仕方がないな。じゃあ、こうしよう」などとは決して言わなかった。

学生たちは「もう小岩井なんていやだ」って思っただろうし、こちらも疲れていました。それでもそのうちに、学生たちにまとまりが出て、思いのこもった式の形ができてくるんです。誰が子どもをどこへ連れてきて並ばせれば、この位置になるって、皆がわかってくるんです。もう明け方になっていたかもしれません。これでやっとうまく収まるなという感触を得て、最後の晩は私も家に帰ることにしました（小岩井）

あおきっこ話　6月25日（抜粋）

昨日のパーティーはどうだった？　ビンゴゲーム楽しかったね。
昨日は最後の夕食、最後のお風呂、最後の就寝と〝最後〟のことがたくさんあったね。
今日はいよいよお別れだよ(?_?)
みんなと別れるのはとっても悲しいけど、
家に帰って家族と会うのはとっても楽しみだね。
楽しい合宿をありがとう。

最終日の終わりの会は、土曜日の午前9時30分からだった。お母さんたちが集まってきて、会場の保護者席に座る。

会が始まると、子どもたちから親へ手紙が渡された。学生たち手作りの修了証（アルバム）が1人ずつに手渡され、小岩井さん、松本のあいさつが済むと、子どもたちが感想を発表する番になった。

子どもたちは班ごとに、どんなことができて、どんなことを思ったか、みんなの見ている前で1人ずつマイクを持って話すのだが、だんだん感極まって泣き出してしまう子が出てきた。それを見て学生が泣き出し、お母さんたちの目からも涙がこぼれてきた。上原さんも小岩井さんも泣いていた。


終わりの会の時はすごかったですね。皆が泣きました。あんなに涙を流したのは、後にも先にもこれだけでした。大変だっただけに「やり切った」「やり抜いた」という思いが皆の中から込み上げてきたのでしょう。子どもたちも大変だったと思います。この合宿を乗り越えた子どもたちは、すごかったと思います（上原）

最後に全員で手をつなぎながら、大きな輪になって歌を歌った。そして1人が輪の内側

全員が１人ひとりと握手を交わした通学合宿の終わりの会。子どもたち学生スタッフもみんなが泣いた

に入って、左隣りの人と順々に言葉を交わしながら握手をしていく。右隣りの人がいなくなった人から、順々に内側に入って握手をして回る。子どもと学生、子どもと子ども、学生と学生、皆が全員と握手をしながら、「ありがとう」「また会おうね」「また来てね」「頑張ってね」と、お別れの言葉を交わしていった。

あの時は、子どもたちが泣いてくれたのが嬉しくて、そういう関係になれたことが嬉しくて泣きました。学生同士でも「辛かったけど終わったね。よかったね、ありがとう」って言い合ったんです。逆に辛くなければ、起きたらご飯が用意されていて、子どもたちが帰ってきたら、ただ宿題を見て終わりだったら、あまり感動もなかったと思います。ともに乗り越えてきた、皆で頑張れたという思いがあったから、皆で泣きました（松本）

通学合宿その後

一期一会ということ

通学合宿の感動が忘れられない松本たち学生は、通学合宿に参加した子どもたちと再会するために〝同窓会〟を開こうとしていた。青木村えがおクラブとして、「お兄さん、お姉さんと遊ぼう！」という企画を立てて小岩井さんに提案したのだ。ところが、ＯＫの返事はもらえなかった。

「青木村教育委員会としては、再会の会は認められない。いい別れができたんだから、切るところは切った方がいい」

終わったことは終わったものとする、「しっかり切るから次のことがつながる」というのが小岩井さんの考えだった。

松本は、なぜだめなのか納得できなかった。「切ることでつながる」という意味もわからなかった。同窓会は青木村えがおクラブのメンバー全員の希望であるし、子どもたちも会いたがっている。松本は、メンバーの気持ちと子どもたちの気持ちを一番に考えていた。

「小岩井先生がだめだって言うんなら、僕らでやってやろうぜ！」。学生たちは自分たちだけで計画し、動き始めることにした。

『青木っ子同窓会』のお知らせ」というはがきが通学合宿参加者に届いたのは8月中旬だった。小岩井さんは学生たちの企画が進んでいたことを知って、松本に電話した。

「再会の会はできないと言ったはずだ」

小岩井さんは、電話じゃだめだから話に来なさいと言う。

僕は一瞬、青木村とは縁を切って逃げようかとも思いました。僕らは仲間で成り立っている活動でしたから、プラザ長は苦しい立場になっても仲間を守らなきゃならない、仲間の思いを汲まなくてはならないと思っていました。志があっても、活動は授業の単位になるわけでもなく、絶対にやらなくてはいけないものではないので、もし仲間の思いをないがしろにしてしまったら、僕が何かをしようと言っても、もう誰も集まってはくれない。僕らの活動は仲間との信頼関係が第一でした（松本）

松本は、辛いことを一緒に乗り越えたＹＯＵ遊の仲間のいうことを大切にしたかった。

仲間たちの純粋で熱い思いを小岩井さんにわかってもらい、受け止めてほしかった。彼はいつも仲間の声をよく聴いていた。小岩井さんに伝えてきたのは自分の気持ちではなく、いつもみんなの意見だった。

時にはそこに、世間では通用しない〝学生感覚〟が含まれてもいるが、「同窓会」については、みんなも本気になっていた。

一方の小岩井さんは、学生たちの気持ちを、痛いほどわかっていた。

それでも小岩井さんは学生たちの企画した同窓会をＯＫするわけにはいかなかった。青木村の子どもたちの社会力を育てるために「本気中の本気」で村の教育行政に取り組んできた小岩井さんにとって、通学合宿は、社会力育成の基盤を築く重要な事業だ。事業の趣旨として、終わりにしたことをずるずると引きずってしまうような会を設けることは考えられない。教育委員会、学生、そして子どもたちが一生懸命に取り組んだからこそ、良い終わり方ができた。参加した１人ひとりの人生にとって、通学合宿は素晴らしい機会であり、出会いとなったのだ。それはまさに「一期一会」だった。

「一期一会」とは一生涯の中で、ただ一度の出会いを大切にするということだ。ただ一度の出会いと覚悟して、真剣に向き合うからこそ、そこに込められている意味や大事なものを得ることができるのだろう。「一期一会」を積み重ねていくこと、それは、一つひとつに〝終わり〟をつけていくことでもある。だからこそ、次に現れる新たな〝会〟をきちんと迎えていくことができるのだ。「切ることでつながる」という意味はここにある。

松本は青木村へ向かう電車の中で、小岩井さんとどんなふうに話せばいいのか、緊張しながら考えていた。青木村と縁を切って逃げようかと思ったのは一瞬のことで、本気ではなかった。むしろ、逆に小岩井さんから「わからないんだったら、もう来てくれなくて結構だ」と言われる覚悟をしていた。

僕らはやっぱり子どもたちとの縁を切りたくなかったですから。この時はむしろ、僕らの態度が強過ぎて、逆に縁を切られる可能性があると考えていました。僕はプラザ長として学生が望んでいることを伝えなければとならないと思っていましたが、もし来なくていいと言われたら、土井先生にはお世話になったのに、申し訳ないなと思っていました。（松本）

村に着いて教育委員会の事務局に入った松本を、小岩井さんは笑顔で迎えてくれた。松本をソファに腰掛けさせると、「なあ松本、ちょっと聞けよ…」とゆっくり話し出し、松本の緊張は次第に解けていった。

それから何日か経って、松本は小岩井さんから、青木村教育委員会で9月末に報告会を行うことになったという連絡を受けた。報告会には、子どもの参加も認めているということだった。

大人こそ社会力を

松本たちが教育実習を終え、そろそろ大学の夏休みが終わる9月30日、青木村教育委員会は通学合宿参加者の保護者や関係者に向けて、「あおきっこ合宿報告会」を開いた。事前に『青木っ子同窓会』の取りやめ及び『あおきっこ合宿報告会』の開催について」という通知を出していた。

松本たちが合宿の様子を紹介し、教育委員会事務局は会計報告や子どもと保護者を対象にしたアンケートの集計結果を報告した。小学校の高学年を担任する先生からの意見は厳しいものがあったが、同時に先生たちは「終わりの会の涙にたくさんの経験をした証があると感じた」「様々な人との関係を持つことは、子どもたちの健全な育成に大切なことだと思う」という意見も書いていた。今後の課題も多く出され、通学合宿の確かな意義について、保護者や村の人々が改めて認識する機会となった。最後に参加者全員でじゃんけんゲームをして盛り上がり、おみやげに合宿中の写真の入ったＣＤが配られた。

子どもたちはアンケートに対して、こんな回答を寄せていた。

◎自分から進んで物事ができるようになった
◎年下の子の面倒を見れた
◎「ありがとう」「ごめんね」の言葉がどれだけ大切なのかわかったこと
◎友達と仲が悪くなりそうだったが、周りの人が心配してくれて立ち直れた
◎テレビやゲームがなくても楽しかった（複数）
◎家族の大切さを感じた

岡田はアンケートの結果を見て、通学合宿の狙いとして自分たちが意識していたことを、子どもたちがちゃんと感じていたことに感激していた。自分自身、通学合宿の終わりには、頼りなく見えた子どもたちの表情が少し変わったことや、自分でやろうという姿勢を感じた覚えがある。岡田は「この活動には意義がある。立派なことはできないけれど、またやってみたい」と強く思った。話し掛けてきてくれた保護者が、「合宿後から、うちの手伝いを少しするようになった。たくましくなった」と誇らしげに言っていたことも嬉しかった。この報告会が、信大ＹＯＵ遊とあおきっこ合宿をつなぎ直すきっかけになった。

一方の小岩井さんは初めての通学合宿について、「乗り越えることがたくさんあった」と認識していた。村教育委員会では次年度も通学合宿を続けていく予定だったが、引き続き信大ＹＯＵ遊と連携が取れるのかどうかは、小岩井さんにも確信が持てていなかった。合宿が終わった時点では、信大の学生たちとはもう組めないかもしれないとも思っていた。学生だけでなく、担当の土井教授からも「小岩井先生は相当に理不尽だったから、もう組めない」と言われるかもしれないと覚悟していたという。

報告会が終わってしばらくしたら、松本君たちが「来年もう1回僕たちにやらせてください」って言いに来たんですよ。リベンジしたいって。嬉しかったですよ、本当に。「0が1になった。最初の反省を生かして次をやろう、今度は6泊だ」と、次の年は一気に6泊7日に増やしました（小岩井）

その後も青木村の通学合宿は、信大ＹＯＵ遊を中心に、６泊７日で続いている。２０１４年には10回目を迎えた。同じ年の春、長野県が作成した通学合宿の手引きには「あおきっこ合宿」で積み重ねられた経験が生かされている。

学生と村の人々がつながった青木村。信大ＹＯＵ遊の活動で、これほどまでに地域の中に入り込んだ活動は、青木村えがおクラブ以前の活動にはなかった。村の人から笑顔で話しかけられ、優しさをもらった学生たち。青木村教育委員会、学生、子どもたちが本気で真摯に向かい合ったからこそ生まれた「あおきっこ合宿」。子どもたちの社会力育成のために行われた通学合宿は、学生たちの社会力も同時に育んだのだ。

２０１３年８月10日、信大ＹＯＵ遊20周年を記念したシンポジウムと懇親会が開かれた。

小岩井さんは「地域からみたＹＯＵ遊の価値」と題して基調講演し、当時の通学合宿の意義について話した。

大学卒業後、教員になった松本はこの時、８年ぶりに小岩井さんと再会した。当時「なぜ青木村でそこまで厳しくされなければならないのか」という思いを抱え、それを引きずっていたことを思い出したが、会って話をしたことで松本の気持ちは晴れ晴れしていた。

教員になったことで、少し小岩井先生に近づいたところもあるのかなと思います。あの頃、僕らは子どもとの関係をつなぐことばかり考えていたと思うんですが、それだけでは世界が狭かった。今、何かをしようとする時に、子どもと子どもの家族や周りの人々の思いやつながりを同時に考えられるようになったことも、社会力の一つかなと思います。子どもたちが社会力をつけるのであれば、子どもに関わる大人たちが社会力をつけなければいけない。小岩井先生は「君たちも社会力を持て」と伝えたかったのだと思います。今はそのことがよくわかります（松本）

第4章

「ふるさと」に飛び込む

信州大岡ふるさとランド

始まりは秋

「ウェルカム」な大岡気質

尾関幸治（仮名）が土井進教授に誘われて、仲間とともに初めて大岡地区に足を踏み入れたのは2008年の11月。「ひじり三千石収穫祭」という村のイベントにブースを出す農村女性ネットワークのおばちゃんたちを手伝いに行った。尾関は実践教育科学専攻の2年生で、4月から信大YOU遊の活動に参加している。

収穫祭の仕事は、おばちゃんたち手作りのこんにゃくや野菜、そばを販売すること。尾関たち学生はお世辞にも手際がいいとは言えず、役に立ったかわからなかったが、おばちゃんたちはパワフルで明るく、学生たちが手伝うことをとても喜んでくれた。

「大岡の人たちは俺らを温かく迎え入れてくれるなあ…」

晩秋の大岡は寒かったけれど、尾関の心には、目の前に広がるアルプスの美しさと迫力、そして、笑顔のおばちゃんたちの温もりが残った。

長野市の南西部に位置する大岡地区は、標高が450mから900mもある山間地で、2004年までは更級郡大岡村だった。あちこちに清水が湧き、きれいな水にはたくさんの岩魚が泳いでいる。地区の人口は約1100人で小学生は34人（2014年4月）。尾関が活動した2009年度は56人だった。

この地区に伝わる藁で作った神面装飾道祖神は、巨大でユーモラスな表情をしていて1998年の長野冬季五輪で有名になった。毎年1月7日、無病息災と豊作を祈り、さらには集落に悪霊が入り込まないようにと心を込めて、石の道祖神を覆うように作られているが、神面の表情はどう見ても拒否しているようには見えない。あくまでもウェルカム。大岡の人々の、いつでも人を温かく迎え、受け入れてくれる気質も表しているように見える。

そもそも、土井教授と大岡地区の関わりは2005年から。この年は青木村や麻績村での活動が始まった年で、信大YOU遊が地域との関わりを広げ、深めていく時期に重なる。

土井教授は、信州という風土、地域性に注目していた。長野県は、明治の中頃から「信州教育」という概念で全国的に注目されてきた。「信州教育」は、教育的愛情や哲学・精神性を基盤としている。土井教授は「信州教育」を生み出したのは信州の風土とそこで育くまれた人々であるから、ＹＯＵ遊の学生たちも信州の農山村の伝統文化に触れながら活動し、「信州教育」の養分と同じものを吸収してほしい―と願っていた。そのために、教授は各地域との連携を深めていた。

そんな折、２００５年８月に長野市で開催された全国高校ＰＴＡ連合会の分科会で講演をした教授は、ＰＴＡ役員で大岡出身の大平由栄さんと知り合った。土井教授の思いに共感した大平さんは、教授と農村女性ネットワークの橋渡しをしてくれた。

それをきっかけに、２００７年から信大ＹＯＵと農村女性ネットワークの交流が始まった。こんにゃく作り、味噌作り、セリ摘み、竹の子ツアーなどに学生が参加、お手伝いをするという形で交流が続いていた。

急な時間変更

11月の収穫祭が終わってまもなく、毎週水曜日に開かれていたＹＯＵ遊の全体会で土井教授は「大岡で活動してみたいという人がいたら、ぜひ、お願いしたい」という呼びかけをした。尾関は大岡の収穫祭を思い出す一方で、大岡小学校の校長先生が小岩井彰さんだということに興味を引かれていた。

その年の６月、尾関は４回目となっていた青木村の「あおきっこ合宿」に参加し、通学合宿を立ち上げたという小岩井さんの話を耳にしていた。ミーティングの最中も、「小岩井先生だったら、どうするかな…」という先輩の言葉を何回も聞いた。先輩たちにとって、小岩井さんの影響はとてつもなく大きいものだと感じていたのだ。

「どんな先生なのか会ってみたいな」

大岡で活動するということは、初めてのプラザを立ち上げるということになる。

「大丈夫だろうか…」

尾関は、先輩に相談した。先輩の答えは「小岩井先生だから、ぜひ行った方がいいよ」。いろいろ悩まず、とにかく行くことを勧めてくれた。「自分もお世話になったから、あいさつに行くつもりだ」とも言う。

11月も終わりに近づいた頃、尾関は土井教授、２人の先輩と一緒に大岡へ行った。

大岡小学校の標高は８４１ｍ。収穫祭が行われた大岡支所のすぐ北にある。正門を入って西側の正面に連なって見えるのは北アルプスの五竜岳、鹿島槍ヶ岳、爺ヶ岳で、美しく大きな姿には圧倒的な存在感がある。小学校、中学校の校舎は１棟ずつ並んで建てられ、その奥に放課後の小学生を預かる児童センター「わらわらクラブ」がある。尾関たちは、小学校で、施設長の金澤仁さん、大岡小学校長の小岩井さんと初めて顔を合わせた。この時は、連絡先の交換と簡単な自己紹介のみ。金澤さんと小岩井さんは、大岡の子どもたちに通学合宿を経験させたいと話してくれた。

「ゆっくりでいいから、話を始めていこう」

小岩井さんはこう言った。2回目の打ち合わせの日程が決まり、尾関と先輩1人の2人が、再び大岡へ行くことになった。

翌日、尾関はその日の午後4時20分から始まる5コマ目に、どうしても受けたい授業が入っていることに気が付いた。午後6時からの打ち合わせに間に合わせるためには、大学を5時前に出なければならない。せめて1時間は授業を受けたい。尾関はすぐに、打ち合わせの時間を6時30分にしてもらうよう先輩に頼んだ。しかし、先輩が小岩井さんに時間変更の連絡をしたのは、当日の昼だった。

お昼ご飯を食べていた尾関の携帯が鳴る。出ると、小岩井さんからだった。

「尾関君、今日の会議の時間なんだけど、みんな会議の時間に予定を合わせてきているんだから、急な予定変更はできないよ。予定通り行うので、尾関君も合わせて来てください」

えっ、急な予定変更…⁉　変更は前から言ってあったはず…。

小岩井さんの口調は強かった。初めてもらった小岩井さんの電話がお叱りとは…。いきなり緊張した尾関は、「はい」と答えたものの納得できなかった。先輩には言ってあったのだ。

だが、小岩井さんがわざわざ自分に電話をしてきたのだから、行かないわけにはいかない。結局、５コマ目に出席したものの、担当の先生に事情を話して早々に切り上げ、６時に間に合うよう先輩と一緒に大岡へ向かった。

ドキドキしながら、わらわらクラブに駆け込むと、小岩井さんと施設長の金澤さんが、にこやかに話しながら待っていた。ほっとしてあいさつするやいなや、さっそく小岩井さんから一言釘を刺された。

「皆さんが都合つけているんだから、君たちの勝手な学生感覚で、そのまま社会の人と接することがないように。これから君たちも社会人と同じように接してください」

小岩井さんの視線と有無を言わせない迫力が、尾関を硬直させた。

「急な予定変更じゃなかった…」という気持ちと、「確かに予定変更は自分の都合だった。

それがあらかじめ伝わっていなかったのだから怒られるのは当然だ」という気持ちが交錯する。理不尽なものを感じながら、それでも尾関は素直に謝った。

プラザの立ち上げ

その日の話し合いの議題は、通学合宿の実施時期について。学生からは2月案、金澤さんや小岩井さんからは9月か10月の案が出て結論には至らず、次回に持ち越されることになった。

話し合いの間中、尾関はずっと緊張していた。小岩井さんに叱られた、という思いから、抜けきれなかった。

「ここでやって行けるだろうか…」

尾関の中で不安が広がっていく。

それでは今日はこのぐらいにしておこうと、次回以降のことに話が移ると、先輩は「来年は4年なので一歩引いた立場で関わりたい。プラザ長などはしないつもりです」と言った。尾関は緊張しながらも気をとり直し、「次回は新年度担当する学生たちと一緒に来ます」と宣言した。

足を踏み入れたからには、後には引けない。先輩たちが言っていたように、ここで勉強させてもらえれば、自分もきっと成長できる。ただ楽しんでやるよりも、その方がいいんだ。そういった思いもあって、ドキドキしながらも前向きでした（尾関）

小学生からずっと野球を続けていた尾関は、厳しさの向こうにあるものがわかっていた。高校では名門校から来た監督にしごかれた。監督は部員に対し、1週間おきに考えていることを書いた野球ノートを提出させ、返ってきたノートには、コメントだけでなく、その時に悩んでいたことに直結する新聞記事のコピーが貼ってあったこともあった。

「表では厳しいことを言っても、裏には愛がある」。監督についていって、確かに成長したという実感も得ていた。そんな体験があったから、尾関は先にあるだろう大岡での自分の成長を信じることができたのかもしれない。

尾関はYOU遊の仲間に、大岡のプラザで一緒に活動してくれる人はいないかと呼びかけた。手を挙げてくれたのは、青木でともに通学合宿を経験した2年の川本穂乃花（仮名）、続いて同じ2年の田端裕二（同）が応えた。尾関がプラザ長、川本と田端が副プラザ長として、新しいプラザの立ち上げが決まった。

大岡プラザに参加することを決心するまで、川本も悩んだという。すでに青木のプラザ長になることを決めていた川本は、小岩井さんの噂を聞いて、ぜひ会ってみたいと思っていたが、青木に加えて大岡での活動ができるのか、逡巡していた。「川本さんなら大丈夫」。にっこり笑って背中を押してくれたのが土井教授だった。それでなんとかやってみようと自分を奮い立たせて手を挙げたのだった。

田端も、茂菅農場の副農場長になることが決まっていたので、どれだけ参加できるのかわからない。不安要素も大きかったが、3人とも気心が知れた仲間だから、なんとかやれるだろうと、尾関は覚悟を決めた。

2009年が明けて2週間がたった頃、3回目の会議で、通学合宿の日程は、学生が提案した後期授業の履修登録期間の10月4日〜10日の6泊7日に決まった。

冬の間

つっくんギネス

冬は、大岡の子どもたちにとって、スキーやそりが楽しみな季節だ。小学生が放課後を過ごす「わらわらクラブ」は６時で終わる。通学合宿の打ち合わせはその後に始まるが、尾関たちはいつも早めに行って、わらわらクラブの子どもたちと遊ぶことにしていた。

子どもたちは学校から下校してくると、すぐにそりを持って外へ飛び出す。わらわらクラブの裏手にある、小学校のグラウンドへの坂道は、格好のそりゲレンデになっていた。

尾関が行ってみると坂の上からスピードにのって男の子が滑ってくる。あんなにスピード出したんじゃ、転ぶ…危ないっと思った瞬間、男の子は、そのスピードのまま絶妙のバランス感覚で急カーブを曲がっていった。続いて何人もの子が同じように滑っていく。

「すごいな…」。尾関は感心した。

施設長の金澤さんが、指導者として聖山パノラマジュニアスキーチームの代表をしていたこともあり、尾関は子どもたちと一緒に聖山パノラマスキー場（２００９年３月閉鎖）

へ出かけて、そりで競争したこともある。尾関は本気を出したが、負けてしまった。まさか小学生に負けるとは…。ちょっとした衝撃だった。

大岡に通い出した頃の尾関は週2回、大学近くの児童センターでアルバイトをしていた。自分の得意なスポーツを使って何かできないかと考え、子どもたちと遊びながら自然に出来上がったのが、「つっくんギネス」という運動遊びの記録帳だった。もともとあった体力テストからヒントを得て、「これは面白いんじゃないかな」と思うものを集めてまとめたものである。

例えば、目をつぶって片足で何秒立っていられるか、大縄跳び、いろいろな鬼ごっこを合わせた種目などだ。より面白くなるように、独自のルールを加えたものもある。挑戦した子どもたちはすべて「つっくんギネス」に登録。タイムや回数などの記録をつけて、最後にお手製の賞状を渡していたので、子どもたちの人気は高かった。尾関は3年生の6月に長野市の「放課後子どもプラン」にアドバイザー登録し、「つっくんギネス」を使いながら、市内のあちこちの児童センターやプラザを回った。次第に各施設のスタッフの間で評判を呼ぶようになり、尾関はあちこちから要請を受けて、出かけていたという。

この「つっくんギネス」を、尾関はわらわらクラブに持ち込んだ。「やってみたい」という子どもたちの記録をつけてみると、次々にいい結果を出してきたのだ。

「大岡の子どもたちの運動能力は高い」

尾関はそう思った。それに遊びのルールを説明しても人の話をよく聞いて、飲み込んで消化する力にも長けている。

当時は小学校の方針で、みんなが1日1万2千歩を歩くんだと万歩計をつけていたんです。万歩計を見ると私よりずっと歩いていて、びっくりしました。運動能力、脳の働き、コミュニケーション能力なども歩数に比例すると聞いたことがありますが、この万歩計の運動のおかげなのかなと思いました（尾関）

「信州大岡ふるさとランド」

2月になると、大学生は春休みになる。尾関たち6人の学生は、やしょうまとこんにゃく作りを手伝うため、農村女性ネットワークの加工所へ行った。大岡地区が長野市に合併される前、大岡村だった時代に建てられた公共の加工所は、地区の中心エリアから離れたところにある。元々は養殖した岩魚を加工していたのだが、数年で使われなくなり、今は農村女性ネットワークが販売するための味噌や漬物などを作っている。

こんにゃくを生芋から作るのは、尾関たちにとって初めての体験だった。すりおろして、練って、凝固剤を入れて、型に流して、固めて、茹でる。学生たちは突っ立っているだけのこともあったが、おばちゃんたちはさっさとよく動いた。「すごいな」と感心してくれる若い人たちと一緒に仕事をするだけで、おばちゃんたちはいつもより生き生きとしてくるのだ。一連の作業が終わるとお茶になった。

学生さんが来るからと、おやつの種類も増えている。お手製のおやきや漬物、カステラにおひたしなどを並べ、学生たちに盛んに勧めた。「重いものを運んでもらって助かったよねえ」「ほら、たくさん食べて、食べて」

どれもこれもおいしい。パワフルで明るいおばちゃんたちと一緒にお茶を飲んでいると、尾関の気持ちもほっこりした。

そんな時、尾関の頭に浮かんだのが「ふるさと」という言葉だ。まだ決まっていないプラザ名をどうしようかと考えていた尾関は「信州大岡ふるさとランド」にしようと思いついた。みんなに話すと、そこにいた全員が賛成してくれた。

地域のふところ

わらわらクラブで子どもたちと遊ぶのは本当に楽しかったが、通学合宿の話はなかなか進まなかった。

「0を1にすることは、1を100にすることよりも大変だ。しかしその分やりがいがあるから、頑張ってやろうな」

小岩井さんのこの言葉を、尾関は時々思い返した。大岡で通学合宿を始めるということは、まさに「0を1にすること」だ。始めたはいいけれど、確かに大変なことだった。日程など運営内容は学生が企画し、金澤さんと小岩井さんが検討することとなった。

尾関は、大学で川本や田端と話し合い、企画案を作ってはそれを見てもらいに大岡に通った。たいていのことはOKと言ってくれる金澤さんに対して、小岩井さんの目は厳しく、企画の意義や安全面など考えが甘いところを指摘され、何度も何度もやり直しをしなければならなかった。

尾関は、初めて小岩井さんに叱られたことの余波がまだ頭と身体に残っていた、小岩井さんとメールのやりとりをしても言葉と気持ちがかみ合わず、どこかギクシャクしていた。いつも「怒られないように、怒られないように」という気持ちが働いていて、素直な自分が出せずに委縮していた。

ある日、打ち合わせの後で、金澤さんが尾関に声を掛けた。

「今夜は、うちで飯食ってくか」

金澤さんは東京出身の大阪育ち。２００１年に「アルプスが見えて、スキー場が近くにある」からと大阪から家族で大岡へ引っ越してきた。田舎暮らしを選んだIターン組の１人である。

「若い時から、長野か新潟で暮らしたいとずっと思っていた」という金澤さんの本職はそば打ち職人だが、ジュニアのスキーレーシングチームの監督に、大岡の少年野球の監督も務めていた。野球は尾関も気合を入れてやってきたから、金澤さんの家で過ごした夜は野球の話で盛り上がった。尾関は、金澤さんの中学2年生の息子がいいスイングをしていることに感心した。

「少し飲もう。泊まっていったらいいよ」

金澤さんがビールをつぎながら言った。
「そんなに難しく考えるな。お前の持ってきたものは受け入れてやるし、できないと言われたから終わりじゃなくて、どうすればできるのかを考えるようにすればいい」

私は、彼らがせっかくここへ来てくれるんだから、彼らが思うようにやってくれればいいんじゃないかと思っていました。何か起こった時にはこちらが責任を取ればいい。地元の手配とか、足りないもので調逹できるものがあれば、こちらでやる。彼らには一生懸命考えて自由にやってもらえればいいと思っていました（金澤）

翌日、尾関は少し元気になって帰っていった。

春から夏

「馬鹿にしない」

信大教育学部から大岡へ行くには、犀川沿いの国道19号線を通る。川沿いの山は広葉樹が多い。春になると、薄いこげ茶の枝ばかりになっていた山のあちこちに淡いピンクの山桜が咲き、桜が終わると柔らかな新芽がどんどん出てきて、だんだんと緑の山に変わっていく。

陽気がよくなってくると、尾関は50ccバイクを使い、1時間ほどかけて大岡に通った。燃費のよいバイクで、いくらか浮いた交通費は他の学生たちの交通費に当てていた。

尾関は、小岩井さんの前でどうしても委縮してしまう自分に、少しずつ苛立ちを感じるようになっていた。高校時代に野球で監督にしごかれた時、それでも食らいついていった自分のことを思い出した。

「これじゃだめだ。こんなやりとりをしている自分に、子どもはいつか不信感を抱くかもしれない。こんなんじゃ、子どもたちのためにまともなことをすることができない」

４月も半ばを過ぎた頃、尾関は自分の状況を先輩に相談した。「一緒に飲んだらいいよ」とアドバイスをもらい、会議の件で小岩井さんに電話をかけた時、思い切って言った。

「先生と学生たちとで、１回飲み会を開いていただけませんか」

小岩井さんはすぐに応じてくれた。大岡にある食堂で、小学校の先生たちと学生たち合わせて10人余りの懇親会が開かれた。学生たちは青木村の通学合宿に参加したことのある学生がほとんどで、酔いがまわってくると１人が去年のことを話し始めた。「あいつ、おっかしかったよなー」と、あまりの寝不足に耐えきれず、昼間子どもの布団で寝てしまったという他大学の学生のことを引き合いに出して笑った。小岩井さんの顔つきが変わる。

「馬鹿にするんじゃない！　君たちの合宿は本当に子どもが真ん中にいるのか？　それよりも今、君たちが馬鹿にしたやつの方が、ずっと子どもに寄り添っていたんじゃないのか？　彼は、君たちがやたらに議論する、ただ頑張っていることで自己満足しているような合宿はつまらんと言っていたぞ。彼は他ですばらしい活動をしている。そういう姿も知らないで、君たちはあいつを馬鹿にするのか」

学生たちは一斉に押し黙ってしまった。

尾関はそれまでニコニコしていた小岩井さんが、急に怒鳴ったのでドキッとした。

でも、言っていることには納得できる。尾関も青木の通学合宿では、みんな一生懸命やっているけれど、夜遅くまでかかる話し合いの中には、学生たちの自己満足になっていたものがあると思っていた。そんなことで寝不足になり余裕がなくなって、小さなケンカやトラブルが頻発する。自分自身、そうなってはいけないと思っていたし、大岡ではそうはしまいとも考えていたのだ。

「小岩井先生は決して人を馬鹿にしない、人を大事にしているんだ。先生についていけば、きっと大丈夫だ」。尾関は確信した。

大岡の通学合宿で子どもたちに「僕が叱ることは三つある」って言ったんですが、一つ目は命に関わるようなことをしない、二つ目は人に大きな迷惑をかけない。そしてこれも入れた方がいいと先生に言われたのが三つ目で、「人を馬鹿にしないこと」です。今も私が担任しているクラスで叱るのは、この三つをした時なんです（尾関）

飲み会以降、尾関のギクシャクはなくなった。その後もメールの出し方、会議の進め方、書類の出し方、一つ一つを細かく叱られたが、尾関にはありがたいと思えた。小岩井さんが叱ることにはちゃんと意味があり、愛がある。一緒に叱られた川本も「こんなに叱ってもらえてうれしい」と言っていた。

施設と資金

尾関たち学生は、６月の青木村通学合宿の準備もあり、話し合いの進行は少しペースダウンしていた。一方、わらわらクラブ施設長の金澤さんは、地元の段取りに奮闘していた。

小岩井さんと尾関の頭の中には、青木村の通学合宿がベースにある。が、大岡と青木の最も大きな違いは、教育委員会の主催ではないということだった。大岡地区＝旧大岡村は平成の大合併で長野市の１地区になったため、旧大岡村教育委員会のような組織はなかった。つまり予算も、会場も白紙の状態。大岡の通学合宿は、信大ＹＯＵ遊が主催者になったが、信大ＹＯＵ遊にはお金がない。わらわらクラブ施設長の金澤さんが、地域住民の１人として使用施設の手配や資金繰りを考えなくてはならなかった。

２０１４年も合宿会場として利用していた老人福祉センターは、当初、通学合宿に使用することを断られていた。子どもの行事のための施設ではなく宿泊に使うためのものでもない、というのが大きな理由だった。金澤さんは大岡地区を見回して、他に会場になりそうなところをいくつか当たってみたが、どこも使用不可の返事が返ってきた。

老人福祉センターは、小学校から500メートルぐらいで、学校まで歩いて通える。台所があって、食事に使える場所や寝られる部屋がある。お風呂は故障していて使えない状態だったが、なんとか老人福祉センターを会場にできるように交渉していくしかないと、金澤さんは長野市役所大岡支所と何度も話し合ったが、使用許可を得ることはできなかった。

規定にはなく、前例のない使い方であるから、仕方がなかったのかもしれない。しかしあきらめるわけにはいかないと、金澤さんは、長野市保健福祉部高齢者福祉課と長野市教育委員会学校教育課に手紙を出した。「子どもたちのすばらしい教育体験事業のために、連携を取っていただき、ぜひ、老人福祉センターを使わせてもらえるよう検討していただきたい」。そこに2週間で返事がほしいと付け加えた。2週間後、二つの課の連名で使用を認めるという返事がきた。金澤さんはそれを持って支所へ行き、無事、使用手続きを済ませることができた。金澤さんの粘り勝ちだった。

学生諸君は「大岡でこんな通学合宿をやりたいんだ！」って燃えていましたから。そんな気持ちを大人や世間が殺してはいけないしね。私からすれば、大学生が子どもたちと何かやりたいって言ったら、基本ＯＫです。ＯＫじゃなきゃいけないじゃないですか。私は学生に「やりなさい、やりなさい、やってみなければわからない」って言うんですよ。だから私の方もきっと道はあるんだろうなと思っていたんです（金澤）

次は資金の調達だ。

子どもたちの参加費用は安いにこしたことはなく、学生たちにはわずかでも謝金を出したい。せめて大岡に来るための交通費、合宿期間中に大学の授業に出るための往復の交通費ぐらいはなんとかしてやりたい。食費も必要だ。

学生たちは「米や野菜は地区の人からもらうことができるんじゃない？」と簡単に言うが、実際のところ、どこで、誰が食糧を集めて回るのか？　彼らが動くことはできない。教育委員会の業務になれば、こういったことは問題にはならない。金澤さんは、元村長や知り合いに支援金の協力を求めて歩いた。

長野市の一地域である大岡地区で通学合宿を実現させるということは、市町村の単位が事業として行うのとは違う意味で、「0から1にする」ために乗り越えなければならないものがあった。

絆の深まり

尾関たちが3年になった4月末、通学合宿の前に、子どもたちと学生が仲良くなっていた方がいいという話が出た。

「それならスポーツ大会だ」

尾関は即決した。わらわらクラブで遊んでいた時、子どもたちから「大勢で野球をやりたい」と聞いていたからだ。

全校児童の少ない大岡小学校では、なかなか人数の多いチームプレーのスポーツはできない。7月に行われたスポーツ大会は、野球、バレーボール、バスケットボール、ドッジボールといった種目を選び、それぞれの競技を担当する学生が、低学年から大人までが一緒にできるように考えたルールで行った。ゲームはうまくいったり、いかなかったりだったが、子どもたちは楽しかったのだ。スポーツ大会の後、尾関がわらわらクラブに行くと、子どもたちは、すぐに「野球やろう！」と誘うようになった。

スポーツ大会の前には、通学合宿の概要がほぼ決まった。名称は「大岡わらわら通学合宿」。夏休みが明けたら参加者を募ることになった。

９月半ばには、合宿希望者の説明会が開かれた。

心配そうな表情の保護者も多かったが、最後に学生たちで準備のためのプレ合宿をすることを伝えると、保護者の方から「一緒に掃除をやります」と申し出てくれて、尾関はほっとした。保護者に、学生たちの〝一生懸命さ〟が伝わったのだろう。

説明会が終わると、途中から会場の外に出されていた子どもたちと保護者が連れ立って帰っていく姿を、学生スタッフみんなで見送った。

尾関は、会場の外で子どもたちと遊んでいてくれた学生たちの表情が明るくてなっているのに気付いた。彼らは今までＹＯＵ遊の活動にあまり積極的ではなく、尾関に誘われてその日初めてやってきて、大岡の子どもたちと遊んだのだ。

学生、保護者、子どもたち…。通学合宿に向かって、みんなの気持ちがまとまり始めた。

プレ合宿

プレ合宿には10人の学生スタッフ全員が参加した。お昼過ぎ、大岡に到着してすぐ大岡小学校へあいさつに行き、学生たちが一部手伝っている大根畑で間引きや草取りの作業をしたり、湧き水を飲んだりした。尾関は、だんだんと迫ってきている合宿に焦りを覚えながら、学校やわらわらクラブで、一つひとつ確認しながら打ち合わせをした。

子どもたちが下校してくると、まだ大岡にあまり馴染みのない学生たちは、そのまま子どもたちとわらわらクラブで遊び、尾関や副プラザ長の田端は、金澤さんと一緒に買い出しや布団の準備をした。

布団を借りるのは、わらわらクラブのスタッフの遠藤夏緒さんのところだ。遠藤さんは金澤さんと一緒にわらわらクラブを立ち上げた1人でもある。埼玉県から大岡に移り住み、農業体験と宿泊ができる「農楽里ファーム」を経営していて、尾関たちも農作業を手伝ったことがある。２０１２年からは、震災で被害を受けた福島の子どもたちのキャンプを行っていて、信大ＹＯＵ遊は、ファームの活動にも積極的に取り組んでいる。

もう一軒、布団を貸してくれるという近所のお宅に行くと、そこにいた愛くるしい子犬が尾関たちの緊張をほぐしてくれた。

午後4時半頃、わらわらクラブに戻った尾関に、子どもたちが寄ってきた。

「なんでいなかったの？　一緒に遊びたかったのに」

「ごめん、つっくん（尾関のニックネーム）は、忙しいから、また今度ね」

子どもと遊ぶことが大好きな尾関は、こんなふうに断るのは辛かったが、「何かを犠牲にしないと、本当にやりたいことはできない」と自分に言い聞かせながら、合宿の準備にエネルギーを注いだ。

6時ごろになると、数人の保護者のお母さんたちが老人福祉センターへ掃除をしにやってきた。母親たちのエネルギッシュな掃除は、すごいの一言だった。隅から隅まで、どんどんきれいになっていく。

「1時間でここまできれいになるとは…」

尾関はお母さんたちの子どもたちにかける思いを感じた。

翌日は、合宿の日程に合わせて起き、朝食を作り、机を移動し、部屋の看板を作り、108畳もある大広間を二つに仕切った。通学合宿本番まであと10日。いよいよ準備が整ってきた。

再び秋

大岡わらわら通学合宿

黄金色の稲穂がわさわさと揺れていた大岡自慢の棚田も、10月にもなると大半の刈り取りが終わり、稲架掛《はぜか》けの列が並んでいる。朝晩もだいぶ冷え込むようになってきた。

通学合宿の朝、尾関が起きたのは4時半頃。「今日から、子どもたちとの1週間が始まる」。緊張していたのか、少し早く起き過ぎた。

学生たちは前日から老人福祉センターに泊まっていた。参加する子どもたちは、小学校3年から6年までの14人。それに対して、学生スタッフは尾関も入れて10人。十分な人数がそろっていたが、そのうちの6人は通学合宿の経験がなかった。

午後1時を過ぎると、子どもたちが次々とやってきた。スキップしながら、駆け込んでくる子もいて、みんなテンションが高いが、慣れていない学生スタッフの方には寄っていくこともなく、子どもたちだけで固まっていた。そんな子どもたちも、はじめの会やオリエンテーションが終わり、レクリエーション「台風の目」を始めると、みんな夢中になっ

毎晩、連れ立って地区の温泉に通った大岡わらわら合宿。大岡の原風景、雄大な北アルプスを見渡しながらの行き帰り

て盛り上がり、新しい学生スタッフたちともだんだん打ち解けてきた。

夕食の準備をしてから、６時には大岡温泉に出発。大岡温泉は、大きな窓越しに北アルプスが見える内風呂と見晴らしがすばらしい露天風呂がある、とても気持ちのいい温泉だ。尾関は、地域の人から「毎日、温泉に入れていいねえ…」と声をかけられた。子どもたちはともかく、学生たちは感動、大満足のお風呂だった。

老人福祉センターに戻ると、夕食と片づけ。布団を敷いて、１日を振り返る。テレビもゲームもない通学合宿だからと、尾関はパンダのパペットを使って、翌日の天気予報を伝えた。
それから歯磨き、トイレ、明日の準備をして午後9時30分消灯の予定だが、子どもたちは、キャアキャアと静まらない。

子どもたちが寝るわけはないですよ。翌日は稲刈りでしたし、「寝なさい」とは言いましたが。大岡の場合は「次の日、自分で困ってみろ！」というスタイルでした。子どもたちは眠ければ寝ますから。学校で寝ていた子もいたようですが、2日目からどんどん早く寝るようになりました（尾関）

女の子は6人。48畳の部屋には布団を並べて敷いても、何もない空間が広がっていた。「さみしいからみんなで手をつないで寝ようよ」。布団をくっつけて、みんなで輪になって丸くなって寝た。

2日目。朝食は学生が作り、みんなで食べて、子どもたちを学校に送り出す。授業のある学生も、すぐに車で大学へ出発し、残った学生たちは小学校の稲刈りに飛び入り参加した。夕方、子どもが学校から戻ってくると、ほとんどの子どもたちは、学生が声をかけなくても、自主的に宿題をやり出した。

しばらくすると、「今日は肝試しやりたい！」という声が子どもたちから上がった。隣の体育館の周りを1周することになり、前半は男子がお化け役で、女子をおどかし、後半はその逆になった。「男子、怖かった〜」と半泣きになった女の子が戻ってくると「大丈夫、大丈夫」と女子学生が肩を抱いた。

子どもたちと学生たち合わせて24人。60人を超える青木村の通学合宿と比べると、規則も時間も緩やかだ。もともと少人数の学校だから、子どもたち自身がお互いのことをよくわかっているということもある。学生たちがレクリエーションを用意していなくても、子どもたちの発案がそのままみんなの遊びになることも多かった。

台風が来た！

４日目は、長野市の小学校の研究授業があり、学校は休みだった。それに合わせ、隣の信田地区、更府地区から子どもたちがやってきて、また合宿に参加していない大岡の子どもたちも集まり、一緒にレクリエーション「大岡ウォークラリー」を行った。

信田地区、更府地区、大岡地区の子どもたちがそれぞれ入り交じった7〜8人のチームをつくり、地図を持って、ポイントごとに課題をクリアしていく。

「はい、ここではお地蔵さんのポーズで写真を撮ろう！」

「この写真と同じ植物を30秒以内で見つけてね」

チームの子どもたちは、あっという間に仲良しになっていた。

お昼には、全員にカレーが振る舞われた。朝早くから、合宿中の子どもと学生、みんなで大量の野菜を切って、大量の肉を炒めて作ったカレーだ。合宿に参加していない低学年の子どもたちの分も含めて、80食分以上作った。

信田と更府のそれぞれの子どもたちを見送ってから、一息ついた午後4時頃、尾関の携帯が鳴った。

「尾関君、明日は台風で長野市の小学校はすべて休校になった」

大岡小学校長の小岩井さんが、研究授業の後に開かれた校長先生たちの会議で決まったことを速報で伝えてくれたのだ。

台風が来て休校になる中で、通学合宿を続けるのか、どうするかを金澤さんと相談してください、という電話だった。金澤さんも老人福祉センターに駆けつけて来てくれた。金澤さんと小岩井さんの間では、「学生たちが続けるつもりなら、続けてもいいんじゃないかという方向性が出ている」と言う。

親元を離れての合宿生活で子どもたちは無意識のうちに、ずっと気を遣って過ごしている。それが、４日目ぐらいになると我慢しきれなくなって崩れてくる。崩れたところで新たな段階の自己開示があることを、尾関は青木の体験から知っていた。ここを乗り越える体験をすることこそ、６泊７日に設定している狙いなのだ。せっかくここまでやってきて、という思いが込み上げてきた。

「このままやりたいです」。尾関はきっぱりといった。食糧には余裕があり、１食分増えてもなんとかなる。

大岡の通学合宿は時間的な余裕があり、子どもたちの人数が少ないこともあって、あまり仲間同志のケンカなどのトラブルは起きなかった。その代わり、ゆったり取れる自由時間などのふとした瞬間に家族のことを考えて、泣いてしまう子が多かった。

さて、休校になる明日は何をして過ごそうか。尾関はちょっと悩んだものの、子どもたちに投げかけてみることにした。「１日休みができたから、何かしたいことある?」すぐに「一発芸大会をやりたい!」という声が挙がった。

学校の休みは、子どもたちにとっては「ラッキー」だ。みんな喜んでいる。一方、学生たちは台風の襲来を考え緊張していた。もしものことがあったら…建物の周辺で風で飛ばされるものはないか、飛んできて壊れるものはないか、外を見回り、夜には翌日の食事をどうするかを話し合った。

翌朝、結局台風は進路を外れて、大雨も大風もなかった。午前中には小学校の先生たちが何人も様子を見に来て、子どもたちが楽しそうに過ごしているのを見て、帰っていった。老人福祉センターの大広間には演芸用の舞台がある。午後には、ここで子どもたちが漫才やお芝居を披露してくれて、大成功の盛り上がり。ゆっくりした1日になった。

夜、子どもたちが布団に入ると、内緒にしていた保護者からの手紙が渡され、多くの子どもたちが号泣した。その中には、今まで一度も寂しそうな顔を見せなかった子もいた。

最後の晩と最終日

最後の夜には、地域の人や学校の先生たち全員を招いて鍋パーティーをした。すっかり学生との生活に慣れてきた子どもたちは、いつの間にか、これまで言われなければできなかったことも、だんだんと自主的に判断して手伝うことができるようになっていた。

大学生と力を合わせて、朝晩の食事作り。合宿が終わりに近づくと子どもたちの手際も格段に上がる

私はあまり手伝いをする方ではなかったけれど、最後の鍋パーティの時は、「手伝いは楽しいなあ」と思った。それまではやることがわからなくていたけれど、お箸を配ったりして手伝って協力することが楽しかったし、嬉しかった。合宿の全部が楽しくて新鮮で、家に帰りたくなかった（当時5年女子）

鍋パーティーで披露された子どもたちのパフォーマンス、歌や劇などは、「今までこんな姿を見たことがない」と先生たちを驚かせた。ここ

数年、通学合宿最後の夜のパーティーに招待されている大岡小学校教諭の清水秀昭さんは、学生と子どもたちの様子を見て「私たちと違い、距離が近い学生たちだからこそ、子どもたちのいろんな面が引き出されると思う」と話している。

そして迎えた最終日。尾関が驚いたのは、家族に手紙を書く時間だ。シーンと静まり集中する中に、子どもたちは一生懸命手紙を書いていた。尾関が初めて見る子どもたちの真剣な姿だった。

お別れ会で、子どもたちは泣いた。

大学生のお兄ちゃん、お姉ちゃんと、これで別れるのだと思うとさみしくて泣いちゃった（当時5年女子）

子どもが泣くと、学生も泣いてしまう。尾関が「スタッフが少ないから、お願いだから来て」と参加してもらった学生たちも泣いていた。

都会で生まれ育った私は大岡の自然や子どもたちにふれあう、そのすべてが新鮮でした。お別れ会の時は、自分を慕ってくれる子どもたちが寂しそうな顔をしていたのを見たら泣けてきました。食事係として毎回安全面に気をつけて作り、１週間やり終えてほっとしたということもあります。教育実習とは違い、素のままで子どもたちと生活することができ、私が初めて子どもと心が通ったことを実感した体験でした（学生スタッフ女子）

学生たちはＳＭＡＰの「世界に一つだけの花」を替え歌にして歌って、子どもたちを家族のもとへ送り出した。

おいしい食事作った／お風呂にはしゃいで入った／たくさんの思い出が増えた／温かいこの場所で／友達を思いやったり／苦手な野菜も食べれた／整理整頓できたよ／みな成長できたよ／「ただいま」というと待っている／たくさんのおかえりが／僕ら二つ目の家族／絆は忘れない

年度末に向かって

大根プロジェクト

尾関たちは、通学合宿の準備の話し合いをしている期間、時々大岡小学校での授業や活動に参加していた。その中で特に学生たちの関わりが大きかったのは大根プロジェクトだ。大岡小学校では、山道を歩いて15分ぐらいのところに地域の人から広い畑を借りている。2009年度はここに1人1畝（15メートル）を割り振り、子どもたち1人ひとりが大根を育てて収穫し、出荷と販売までを行った。

先生たちは種をまく前に「夢の種」の話をするそうだ。大根の種の大きさは約2ミリ。子どもたちにその小さな種を見せて「これは『夢の種』です。この小さな種から、どんな夢を広げていきますか」と問いかける。子どもたちは「大きな大根を育てたい！」「きれいな太い大根」「たくさん売って儲けたい」「転校していっちゃった子に送ってあげたい」と、それぞれの夢を膨らませ、その夢が実現できるように、頑張って大根を育てていくことになる。

大根を売った収益金で、学級ごとに遠足をしたり食事会をしたり、東南アジアの国の子どもたちに役立てようと寄付もする。さらに出荷する大根を詰めた箱の中には、食べた人から感想をもらえるように、大根プロジェクトについて書いた手紙と、宛名に子どもの名前を書いた返信用のはがきも入れている。「ブリ大根にして食べた、おいしかった」などの感想がたくさん送られてきているという。

そんな大根プロジェクトに学生も参加し、子どもたちを手伝いながら自分たちの畝で大根を育てていた。

毎年8月の2学期が始まる直前に畝を立て、始業式の日に地域の人や信大生など関係者が集まって子どもたちと一緒に種まきをする。10月下旬に7~8割を収穫し、岐阜方面へ出荷、残りは11月に地元で販売し、12月には大根を入れたおでんを作り、小学校でお世話になっている地域の人々や信大生を呼んでお礼の会を開く。

尾関が通学合宿を行った2009年は大根プロジェクトが始まった年で、当時は他大学の学生たちも参加していた。尾関たちの教育実習期間中は、そうした学生や3年以外の信大教育学部生たちが間引きや草取り作業に励んだ。

この年、収穫と出荷が行われたのは、少し遅めの11月半ば。地域の人や保護者、信大生と子どもたちの総勢70人ほどが作業をした。抜いて葉っぱを切った大根を、畑の近くのせせらぎで洗うのだが、水がとても冷たい。子どもたちと学生は手を真っ赤にしながら、泣き言も言わずに一生懸命洗った。洗った大根を学校へ持ってきて乾かし、翌日箱詰めの作業を行う。

前日の収穫には10人いた学生たちも、出荷の日には尾関ともう1人だけだった。学校の保健室を使って出荷作業をしていたが、時間が迫ってきても全然終わらない。教頭先生には「また後で出荷すればいいよ」と言われて、半ばあきらめかけていたその時、自分たちの作業を終えた子どもたちがどどっと保健室に入ってきて、バタバタと手伝ってくれた。

「助かった!」

尾関たちの大根も無事、子どもたちの大根と一緒にJAのトラックに載せられた。

すべてが挑戦

12月の「お礼の会」には尾関たちも招かれ、大根の入ったおいしいおでんをご馳走になった。子どもたちは、招待したお客さまに手紙と歌をプレゼントした。

尾関は全力で歌う子どもたちの姿に〝成長〟を見ながら、１年にわたって大岡に関わってきた自分の姿を振り返った。尾関にとって、通学合宿や大岡小学校での活動は、すべてが「挑戦」だった。子どもたちにとっても、大学生と共に遊び、通学合宿で親と離れた１週間は、間違いなく「挑戦」だったことだろう。

大岡に通った1年半。子どもたちや小学校の先生、地域の人たちと交わり、つながりがずっと広く、深くなっていた。尾関は大岡小学校の卒業式にも参加させてもらった。在校生と卒業生の呼びかけ、素直な大岡の子どもたちの声が胸に響いて、自然と涙がこぼれてきた。

そして3月、尾関は子どもたちの最後の挑戦を見届けた。

子どもたちが春休みになった3月24日、学生たちは、プラザ最後の企画で大縄跳びをした。つっくんギネスへの挑戦である。これまでの最高記録は、尾関が通っていた児童館の１００回だった。

わらわらクラブの子どもたちは、大縄跳びもよく飛んでいる。だから「１００回もいけるんじゃないか」と企画したのだ。初めは跳べる子たちだけでやると思っていた子どもたちも、この記録は全員で挑戦しなければならないと知ると、高学年の子どもたちが低学年に優しく跳び方を教え始めた。

実際に跳んでみると、20回を超えるのが大変だった。跳ぶ順番を変更して低学年の子をフォローしてみるが、まだ足りない。休憩時間には、低学年の子どもたちが自分から練習し始め、それを見て高学年の子どもたちも休憩もそこそこに練習を再開した。学生たちが縄を回し、ひたすら跳んでいる子どもたち。数を数える以外の声は、ほとんど聞こえてこない。

「それじゃあ、みんなで合わせてみようよ」

尾関が声を掛けると、みんなはさっと態勢を整えた。いざ、挑戦！

「1、2…ああ、おっしい」

そして、何回目かの挑戦の時。

「1、2、3、……100！　101！…109、110、111、112…あー、111回！　すごい、すごい、すごい、111回‼」

「やったあ！　新記録だあ！」

みんな手を叩いたり、飛び上がったり、走り回ったりの大興奮。

尾関は心底「大岡の子どもたちは、すごい！」と思った。学生と子どもたちが一体となってできたこの記録は、尾関たちの大岡での挑戦の証であり、喜びいっぱいのみんなの笑顔は尾関の金メダルになった。

ふるさとを離れて

尾関は小学校教員になった今でも、時々大岡を訪れる。大岡の山々を通る風を感じ、お祭りの雰囲気を味わいたいし、やりとりのあった子どもたちのその後の姿を見るのが楽しみだからだ。

尾関は初任地で1年生の担任となり、周りの先生たちの協力を得ながら、花壇で大根を育ててみた。1人1畝というダイナミックな大岡に比べると、それはとても小さな大根畑だったが、授業で子どもたちの希望で切り干し大根を作ることになった。

尾関は学校の近くにあった公民館に依頼して地域の人を紹介してもらい、切り干し大根の作り方を教えてもらうことにした。当日は公民館から4人、地域の人が3人も手伝いに来てくれて、24人の子どもたちと切り干し大根を作った。1年生だから「包丁を初めて持った！」という子がほとんどだったが、初めてだからこそ慎重にやろうという意識が働き、尾関を含めて8人の「先生」が見守る中で大根を切って、干すことができた。

ほとんどの子どもたちは、大人に認めてもらい、ほめてもらいたがっているんです。

でも担任１人では、子どもが先生にこっちを見てほしいと思っていても、１人ひとり全員を見てあげることはできません。もっと地域の人やいろんな人に学校に入ってもらって、それぞれの子どもたちを認めてもらえたらうれしいと思っています。地域の人たちとふれあう中で、子どもたちがいつもは見せなかったような笑顔に会えたこともありました。（尾関）

大岡という地域に飛び込んだ2年間。全力で子どもたちや地域の人々と関わり合ってきた尾関。尾関の中にある大岡という「ふるさと」は、これからきっと、尾関の周りに温かい「ふるさと」をつくっていくことになるのだろう。

第5章

天地に育まれるもの

信大茂菅ふるさと農場

農場の最後の年が始まるまで

異色の経歴

「ここが茂菅農場か…」

2011年5月、教育学部に入ったばかりの須藤賢一（仮名）は、大学から車で5分ほどのところにある長野市茂菅の信大YOU遊の農場に来ていた。

教育学部キャンパスの前を通る国道406号を鬼無里方面へ。高架橋の茂菅大橋を渡り、すぐ右に折れて下っていくと、裾花川沿いの谷間になったところに田んぼと畑がある。川の向こう岸は、こんもりとした緑の山。キャンパスからさほど離れてはいないのに、自然の中にゆったりと開かれている農場は、いるだけで気持ちがいい。

その日は、夏野菜を植えるという。農場には上級生の学生スタッフが12人ほど作業をしていた。

須藤は、その春から教育学部の1年生になった。前の年は受験生として予備校に通っていた。その前は会社員としてデジタルカメラの開発部門で働き、さらにその前年は、信州大学大学院工学系研究科の修士課程で学んでいた。

モノづくりが好きだった須藤は、信大繊維学部に入学。そのまま修士課程に進んで卒業し、いったんは就職した。期待の新人として開発部門で新製品の開発に取り組んでいたが、行き詰まりを感じて方向転換。教師になる道を選んで、受験をやり直し、晴れて再び信州大学の学生となって、今ここにいる。

茂菅農場のことは、姉の須藤明子（仮名）から聞いて知っていた。５歳違いの明子は、３代目の農場長を務めていたのだ。

教員だった両親や姉が身近にいたこともあり、教師の道を目指すことになったのだが、末っ子だった須藤は、自分が子どもを好きなのかどうかもわからなかった。茂菅農場で子どもたちとふれあった自分がどう反応するのか、試してみようと思っていた。

その日の活動が始まると、須藤は自然と近くにいた４歳ぐらいの女の子、Ｆちゃんのフォロー役を務めることになった。できるだけＦちゃんと一緒にいるようにしようと思った須藤は、戸惑いながらもなんとか仲良くなろうと必死に頑張ったが、Ｆちゃんは人見知りでなかなかうまくいかなかった。

ところが、その日の最後にみんなで記念撮影をすることになり、須藤が前列でしゃがんでいると、Ｆちゃんがするするっと膝の上に乗ってきてちょこんと座ったのだ。「あっ」。須藤は心の中で声を上げた。

この時、とても嬉しかったんです。ぼくは、こんなに嬉しいことがあるんなら、教師の道は頑張れるぞ！　と思いました。活動も楽しくて、自分は子どもが好きだったんだと思いました（須藤）

活動が終わると、林部信造さんから声を掛けられ、土井教授や何人かの学生と一緒に、林部さんの家でお茶を飲んでいくことになった。林部さんは土井教授とともに農場を守り、学生たちの面倒を見てきた農家の人だ。温かい人柄で、学生たちが農場で〝やりたいこと〟を全面的にサポートしてくれている。

姉の明子も、林部さんにお世話になっていた。エネルギッシュに活動していた明子は土井先生や林部さんの印象も強く、卒業してからも、時折やりとりがあった。須藤が教育学部に再入学して、信大ＹＯＵ遊に参加することについても、事前に明子から連絡が入っていて、土井教授も林部さんもニコニコして、「きみが弟君か」と須藤を迎え入れてくれた。

２０１２年４月、２年生になった須藤はさっそく茂菅農場の活動に参加する。１年の時は活動日の予定があわずに、数回しか参加できなかったが、これからは積極的に参加できそうだと、張り切って林部さんの家にあいさつに行った。

玄関をあがると、ちょうど土井教授と３年、４年の先輩が集まり、茂菅農場の記念誌の編集会議が始まるところだった。２０００年に休耕田の開墾から始まった茂菅農場の活動は、２０１４年３月に土井教授が定年退職するのに合わせて、その前年の秋で閉場する。そのため、茂菅農場の記念誌を作ろうと、学生たちが作業の進め方について話し合っていた。ちょうど須藤が顔を出した時、だれが編集を担当するのかという難しい議題に差し掛かっていた。

３年生は、始まったばかりの信大ＹＯＵ遊第19期の活動で手一杯の上に、８月後半から教育実習が控えている。４年生は教員採用試験があるし、記念誌の完成予定が２０１４年度となれば、最後まで関わることはできない。

「僕が編集をやりましょうか。２年生は結構時間がありますので」

須藤のこの一言は、みんなの顔を明るくした。最重要課題は、重々しいムードが生まれる前にあっさりと解決。土井教授も林部さんも14年間の活動歴史をまとめる大役を、須藤が引き受けてくれたことにほっと胸をなで下ろしていた。

姉の茂萱

須藤は、姉の学生時代は知らないが、土井教授や林部さんにとてもお世話になったこと、教師になる上で、ものすごくいい経験ができたことを聞いていた。

浪人して教育学部に進んだ明子はそれだけに、「大学に行ったら子どもたちとふれあう実践的な活動は何でもやってやろう」と意気込んでいた。しかし、1~2年の時はなかなかそういう活動に踏み込めず、2年の1月になって友人に誘われて参加した茂萱農場の餅つきが、明子にとって初めてのYOU遊体験となった。

当時、茂萱農場はちょっとしたピンチに直面していた。茂萱のほかに牟礼にも農場があり、茂萱農場を第一に活動していきたいと言っていたのは、明子とあと2人の学生だけ。明子は土井教授から農場長を勧められた時、将来、学校で農作業を教えられるようにと、思い切って挑戦してみることにした。こうして明子は、ほぼ未経験のまま農場長になったのだ。

初めに明子が考えたのは、田植え前の泥と水を混ぜる代掻きの作業の時に、どろんこ遊びをすることだ。テレビを見ていて「どろんこ遊びなら、子どもたちと楽しみながら農作業できる！」と思いついた。喜び勇んで土井教授に報告すると「それは、できません」。茂菅農場には水道も洗い場もないし、学生スタッフの人数もとても足りず、どろんこの体を洗う場所がないからだ。それでもやりたいと思った明子は、林部さんに相談にした。

明子は茂菅農場だけでなく、しょっちゅう林部さんのりんご畑を手伝っていた。農作業をまったく経験していなかった明子にとって、汗をかきながら体を使い、一つひとつ目に見えて仕事が進んでいく作業は、達成感もあり楽しかった。明子が行けばいつでも歓迎してくれて、奥さんがお茶やおやつを出してくれた。時には夕食をごちそうになることもあったが、なんといっても２人とも明子の話をよく聞いてくれたことが嬉しかった。

明子がどろんこ遊びの計画を話すと、林部さんは「それなら、あれが必要だなあ…」とすぐに考え始める。体を洗う水を運ぶタンクなどの準備は、林部さんが手配してくれることになり、明子は、林部さんと一緒にもう一度土井教授に「やらせてください」と話をした。結果は条件付きでＯＫ。安全や準備の大変さを考え、協力する学生スタッフを最低30人集めるという条件だ。

「学生スタッフを30人集める…」。明子はこの時点ですでに、人を集めることの大変さがわかっていた。一斉メールで作業があることを伝えただけでは集まらない。実際にみんなに呼び掛けても誰も来なくて、明子は１人だけで農作業をこなしたこともあった。しかし、今度はあきらめるわけにはいかない。子どもたちと一緒にどろんこ遊びをするのは楽しいに決まっている！

明子は直接、あるいはメールや電話で、友達に声を掛けまくった。友達の友達も呼んでもらえるように、あらゆる知り合いに声を掛け、最終的に学生スタッフ36人を集めた。

どろんこ遊び当日、林部さんは農協から借りたタンクに水を入れて、軽トラで農場に運んでくれた。着替え用のテントを張ってブルーシートで囲み、３畳ほどの洗い場に水槽を設置し、窯で沸した湯も入れた。

「キャー、キャー」。田んぼに足をつけたとたんに声をあげる子どもたち。モッタモッタと足が抜けない田んぼで子どもも学生も歓声を上げながら、走り、転び、泥を投げる…誰からも止められないどろんこ遊びは最高だった。みんな泥だらけになって思いっきり楽しんだ。こんな経験は参加した全員にとって初めてのことだったろう。明子は「終わった後のみんなの清々しい笑顔が忘れられない。やってよかった」と心から思ったという。

明子の代にはこの田にフナを放流している。田植えの後、佐久で購入した４５００匹のフナを放流し、稲刈りの時に成長したフナを子どもたちに持って帰らせようという計画だった。しかし、水田は田植え後１カ月ぐらいで水を抜いて中干しをする時期がある。林部さんはその間をフナが生き延びることはまず無理だろうと判断し、いったん放したフナをもう一度捕まえて、自宅の庭の池でしばらく飼うことにした。酸素を入れ、餌をあげて、学生たちの計画がダメにならないよう、林部さんはフナを大事に育てた。

いよいよ稲刈りの日、２カ月余り池で飼われていたフナを引き揚げ、水の入ったバケツにいれて田の脇に置いておいたのだが、ほとんどのフナは酸素不足のために死んでしまった。「まさか、最後の段階で死んでしまうとは…」。明子も林部さんもこれには参った。

ところが生きていたフナもいた。稲刈りの田はほとんど乾いているが、一部、足跡などでくぼんだところに水が残っている。稲を刈っていた学生がそのどろどろの水たまりにビクビク動くものを発見。見ると、大きく成長した3匹のフナがどろどろの中で生きていたのだ。みんな驚いた。

池に移して過保護に育てていたものはバケツに移しただけで死んでしまったのに、そのまま田んぼの中にいたものがしっかり生き延びていたのにはびっくりしました。生きる力を自ら身に付けたからこそ、苛酷な中で生きていたんですね。自ら生きようとするものが強いんだと生への執着と適応力に感動しました（林部）

明子は、田の草取り、かかし作りと他にも精力的に活動した。茂菅農場での活動は「私にとって究極の課題解決学習だった」と話す。「できるか、できないかを考えるのではなく、常にどうしたらできるかということを考えていました」

計画が思った通りに進まないのは常のこと。では、どうするのか。教師になった明子は、今も挑戦することを大切にしている。

農場長になるのは誰？

須藤は姉から何度も聞いた茂菅農場に初めて足を踏み入れ、土井教授、林部さんと奥さんに温かく歓迎してもらった時から、「3年生になったら、運営の立場で引っ張って行けるようになろう」と思っていた。

姉が農場長だったおかげで1年の時から親しく関わらせてもらっていたのは、須藤だけだった。須藤自身、おそらく土井教授や林部さんも須藤が農場長になるだろうという漠然としたイメージを持っていた。

ところが2012年秋、信大ＹＯＵ遊第19期の農場での活動が終わるころ、須藤は、農場長である3年の先輩から「来年度の農場長をやりたいと言っている2年生がいる」と告げられた。原田智弘（仮名）だという。彼はとても熱心に活動に参加している1人で須藤もよく知っていた。

原田は須藤より一足早く、1年の4月には茂菅農場へ行っている。この時が原田にとっても、教育学部へ入学して初めて子どもたちと一緒に行う活動だった。自然の中で、虫を追い回し、走り回るイキイキした子どもたちの姿。思い切り学生たちに甘え、喜び、素のままの姿をぶつけている。原田は、今までこんな子どもたちと接したことがなかった。農場も子どもたちもとても輝いて見えた。「こんなにいいところ、他の学生たちは知っているのかな？　1年生は4人しか活動に来なかったけれど、みんなにこの姿を見てもらいたい！」。なぜか強くそう願った。

そしてもう一つ印象に残ったこと。この時、原田は目の前でケンカしている男の子たちに対して、何の対応も取れない自分を見つめさせられた。楽しい反面、子どもたちの対応は難しい。もっと子どものことをわかりたいと思った。

原田は農場に通い、子どもたちとふれあううちに、子どもたちの「問題行動」と言われるものは、実はほとんど大人のせいなんじゃないかと思うようになった。それは、本当の子どもの姿を理解して受け止めていないことが、原因なんじゃないかと。

もっともっと、みんな茂菅に来たらいい――。

原田は1年の終わりごろには、農場長をやるのもいいなと思い始め、2年になると農場長をやるつもりで、先輩たちの行動を見ながら「自分だったらどうするかな？」と考えるようになった。自分が茂菅農場でやりたいことのイメージもどんどん膨らんできていた。

一方、須藤は、須藤が農場長になるのだろうという周囲のムードが漂う中に「農場長をやりたい！」とはっきり意思表示する学生がいたことに、軽いショックを感じていた。だいたい先輩から声も掛けられていない段階から、プラザ長になるんだという学生はそう多くない。ほとんどは一生懸命に取り組んでいる2年生に先輩が声を掛けて、「自信がないけど、やってみます！」という状態で立候補する。

やりがいがあって、ものすごくいい経験になるだろうと思えても、実際のところ大変だし、ただのスタッフとして自分の時間に合わせて参加して、子どもたちとふれあいながら作業をする方がずっと楽しくて、ラクだ。参加するだけだってそれなりのことは経験できるから、子どもと関わるだけだったら、別にプラザ長になる必要はない。

なんとなく描いていた青写真。「姉が情熱をかけた農場。今度は自分が最後の農場長を務める！」と。

須藤はモノづくりの道から方向転換し、教師を目指そうと心に決めて教育学部に入り直したのだ。生半可な気持ちではなかった。須藤は、大変だろうが何だろうが、本気でやろうと思っていた。

しかし…。社会人として開発チームの一員としての経験もある須藤は、自分の気持ちから離れて、全体を見ることもできた。

どっちが農場長をやったら、来年の活動がうまくいくのかな、と考えました。僕は現実に沿った考えしかできないんですね。現実が分かって、だんだん大志を抱けなくなっている自分を感じました。もっと制限を考えずに、夢を熱く語れるような人がトップになった方がいい。だったら原田くんはそういうタイプだし、彼がトップになった方が絶対面白い活動になると思いました（須藤）

須藤は、1カ月近くかけて気持ちを整理した。

みんなは仲良く接してくれるけれども、僕はみんなより年齢が高いから、近寄りがたく思っている人もいるかもしれない。活動自体を引っ張る役割になれれば、長にこだわる必要はない。

そこに思い至って、須藤は副農場長として、原田と活動を支えていこうと思った。「彼は僕以上に情熱的な思いがあったから。他の人だったら、こうはならなかった」と今でも思う。

年が明けてから、須藤は原田と話し合い、正副として2人で農場をやっていくと決めて、先輩に伝えた。

この時の話し合いで、ＹＯＵ遊第20期の茂菅農場をトップとして引っ張っていくのが原田であり、記念誌の編集などの14年間続いた茂菅農場の最後を締めくくる活動を須藤が担うという方向性が、自然と見えてきた。

茂菅14代がスタート

最後の三役と最後の年間計画

信大YOU遊第20期、茂菅14代を牽引する2人が決まった。ガッツリやる気のある2人がスクラムを組んだ形だが、須藤は原田に「もう1人ほしいと思う」と言っていた。歴代の茂菅農場で正副農場長がこなしてきた仕事量とバランスを考えると、どうしても、もう1人、できれば女子に副になってもらいたい。須藤が参加回数の多い2年の女子学生に声を掛けると、既に他のプラザを担うことに決まっているという。そこで推薦してもらったのが、島田かおる（仮名）だった。2人ともだいたい顔はわかるが、ほとんど話したことがない。果たして、一緒にやってもらえるだろうか？

2013年の2月になってから、須藤は島田と会うことになった。須藤は単刀直入に「茂菅の副をやりませんか?」と切り出した。

「えっ」。島田はちょっとびっくりした顔をしたが、すぐに「私で良かったら、やります」と答えた。思いがけず島田が即答したので、須藤はかえって戸惑い、思わず「あっ、もうちょっと考えてもいいんだよ」と要らないフォローをしてしまった。

島田は、高校生の時から、信大YOU遊の活動に関心があった。というよりも、信大YOU遊があったから信大教育学部に来たといってもいい。小さい頃からもっと小さい子の子守りをしたり、小学4年生から中学校卒業までは近所のデイサービスセンターにボランティアに行ったりしていた。人と関わるのが楽しかったから、デスクワークよりも人と関わる仕事をしたいと教師になることを目指した。

高2の夏、どこの大学を受けようかと調べている時に、信大YOU遊に出会う。「これは素晴らしい活動だ。私も信大に行ってやってみたい」。それから、本腰を入れて受験勉強をして信大に合格した。

初めて参加した活動は、1年の11月に開かれたYOU遊フェスティバル。松本からやってきて参加した。この時は、当時茂菅農場長をやっていた女子の先輩のところに泊めてもらい、茂菅の話を聞いた。2年生になって長野の教育学部キャンパスに通うようになってからは、湯谷小子どもランドなど、あちこちの信大YOU遊の活動に参加したが、どうも自分には茂菅農場が合っているように思う。土井教授に誘われて、と殺場見学に行って衝撃を受けてからは、「食物」への関心も高まり、3年からは茂菅を中心に活動していこうと考えていたところだった。

いきなり茂菅の副農場長と言われて少しびっくりしたものの、「参加の仕方が役員という形になるだけのこと」と、この時は深く考えることはなかった。


これで第20期の茂菅農場を担う正副農場長3人がそろった。

須藤と原田はすでに第20期代表として来期の話を始めていたが、3月の初め、島田も含めた3役で新たにつくり上げた年間計画の下地を持って、林部さんの家を訪れた。

集まったのは、林部さんに土井教授、農業指導をするJAながのの小池健さん、前年農場長の先輩、そして原田、須藤、島田である。

農場でつくる作物は、毎年3役が年間計画として決める。林部さんから学生たちへの注文は、毎年必ず新しいものに挑戦するということ。須藤は記念誌発行の担当者として情報をもっていたから、過去13年間につくられた作物を一覧表にまとめてきた。それは色分けを工夫し、野菜の植え付けの回数や各期の内容が一目瞭然にわかる見事な表だった。稲のほかに、ほぼ毎年のように植えているジャガイモ、サツマイモ、トウモロコシがあり、そのほかに大豆、小豆、こんにゃく芋、ケナフ、お化けかぼちゃ、落花生、ひょうたん等々。

表を元に話し合いを進めていると、小池さんから「古代米はどう？」というアイデアが出てきた。古代米は赤紫色のもち米だ。葉の色も普通のうるち米とは違って、やや紫がかっている。色の違う葉を使って田んぼの中に文字を描こうと提案してくれた。小池さんは、前年の秋頃から、茂菅農場の最後を飾るのに、古代米で字を描いたらどうかとイメージしていたのだ。具体的に何を描くかは学生たちが企画することになり、ほかも合わせて次のような農場の年間計画が立てられた。

４月　ジャガイモ植え、障害物リレー
５月　野菜植え（サツマイモ、トウモロコシなど）
６月　田植え　大豆・小豆の種まき
７月　ジャガイモ収穫
８月　トウモロコシ収穫など
９月　稲刈り
10月　脱穀、サツマイモ収穫・焼き芋、閉場式
11月　ハロウィンパーティー

12月　作物の販売
1月　芋判作り・餅つき・餃子作り
2月　豆まき
（11月～2月は、大学キャンパスでの活動）

4月は上出来

島田は戸惑っていた。「参加の仕方が役員になるだけのこと」と思ったのは大間違いだった。

まず、活動のための準備がこれほど大変だとは考えていなかった。ＪＡにあいさつに行き、先輩たちからわからないことを聞き、４月の活動までに、さまざまな打ち合わせは20回を数えた。

原田は寮に住んでいたので、寮の食堂で３人で話したり、須藤のアパートに集まって話したりした。須藤は、信大ＹＯＵ遊の仲間である村田一洋（仮名）とルームシェアしていた。須藤の部屋で打ち合わせをすると、３人が茂菅の話をしている隣で、青木村の通学合宿長（プラザ長と異なる）を務める村田が他の数人と合宿の話をしていることも度々あった。村田もYOU遊の活動に情熱をかけている1人で、父の持っている千曲市の姨捨の棚田を借りて、自分で一つのプラザを立ち上げていた。

話し合いは朝まで続いたこともある。須藤と原田の意気込みは尋常ではなく、島田は「自分は場違いなところにいるのではないだろうか」と何度も思った。しかし目の前にやらなければならないことが山積みだった。たとえ〝軽はずみ〟だったとしても副農場長を引き受けたからには、逃げるわけにはいかない。島田にとって、須藤と原田もそうなのだが、ひたすら作業と話し合いの日々が続いた。

いよいよ、初回活動日がやってきた。朝7時50分、キャンパスの北西の角にあるしなのき会館前に集合し、テントなど物品を軽トラに載せる。当日参加する学生スタッフにバンダナと名札を配り、車や自転車でそれぞれに茂菅農場へ向かった。

農場では皆でテントを張り、ブルーシートを敷き、原田と須藤が学生スタッフに当日の流れや気を付けてほしいことを説明。島田は受付担当で、名簿をチェックし会費を集めて名札を渡す役割だ。子どもたちが到着し始めると急に慌ただしくなった。

野菜苗の植え付け。初めての農業体験に興味津々の子どもたち

毎年、４月の初回活動日には茂菅農場恒例のジャガイモ植えを行っている。茂菅農場の正式名称は、第18期までは「信大茂菅ふるさと農場」だが、第19期から「信大茂菅Farming Village」と称し、小学校の英語の必修化に合わせて、英語活動を取り入れていた。英語の指導は信大の英語講師コリーン・ダルトン先生。「教室では見られない学生の姿が見られるのが新鮮。子どもたちは虫探しなど、自然とのやりとりができて楽しいところ」と毎回参加してくれている。その日も、集まった子どもたちを前に、さっそく英語のやりとりが始まった。

原田が「ジャガイモは英語で何と言うでしょう?」と聞くと、子どもたちは口ぐちに「ポテト！」原田が「そうだね、ぽてとだよね」というと「違うよ、〝ぽていと〟だよ」と子どもたち。そこにダルトン先生が「potato!」と正しい発音を教えてくれる。今回は中国人留学生にも参加してもらっていたので、中国語の「土豆」も皆で発音してみた。

茂菅農場恒例のジャガイモ植えは、種イモを半分に切って灰をつけ、畑に30センチ間隔で植えていく。植え終わると子どもたちは思い思いに花を摘んだり、虫を捕まえたり、飛び回り始めた。そこに学生たちが寄り添っている。

須藤たち３人は必死だった。あれだけ時間をかけて計画したことも、実際に回りだすとあっという間に過ぎていく。学生スタッフのなかには、うまく子どもと関わらず、手持ち無沙汰の学生もいた。いつもなら、もう少し学生スタッフが動いてくれるんだけどな…。今日は初めて茂菅に参加する学生が多いからしょうがないか。原田は若干焦りを感じたものの、須藤との連係プレーには手ごたえを感じながら動き回っていた。

次の障害物リレーは、初めて参加する学生も子どもたちと仲良くなれるように考えた企画だ。子どもと学生が１対１で組み、田んぼを１周する間に五つの障害をこなして、ゴールする。

２人が両側から一つのボールを押さえ合いながら進む、２人でフラフープの中に入って進む、三角帽子の上をひもでつないでそれぞれにかぶり、落とさないように進む、といったものだ。できるだけ多くの相手とふれあうために、五つの障害物ごとに学生が待機し、1人の子どもが5人の学生と組めるように工夫した。学生もより多くの子どもたちと関われた。

体を動かしながらの〝共同作業〟は、あっという間に学生と子どもたちの間にあった垣根を崩していった。企画の評判は上々だった。林部さんも「よくあんなの考えたねえ。いい活動だったよ」とほめてくれた。3人の最初の活動は大成功だった。

ジャガイモが育つ

須藤は、最初の活動がうまくいってほっとした。が、上出来だっただけに逆に心配な点を見つけてしまった。田植え前の田んぼとはいえ、まるで運動場みたいな使い方をしてしまってよかったんだろうか？　他の人からもそのことを指摘されてしばらく不安に感じていたが、後になってＪＡの小池さんから「毎日ではないのだから、全く問題ないですよ」と聞いて安心した。実際、田んぼを使ったレクリエーションは各地にある。

そして、須藤にはもう一つ心配なことがあった。「ジャガイモが芽を出してくれるのか？」だった。活動までは、ジャガイモを植えることしか考えていなかった。活動の終わりに小池さんから「ジャガイモを枯らさないように、1週間ぐらいは毎日水をあげてね」と聞いて初めて、植えたものは育てなきゃいけないんだ、ということに気付いた。須藤と原田と島田の3人は、担当曜日を決めて毎日1回、茂萱農場へ水遣りに通った。

学生たちはよく、ジャガイモとかサツマイモとか、ただ土の中に植えちゃえばできるという錯覚をしているんです。それには堆肥も必要だし、肥料も必要なんだよという話をしますね。また、キュウリやナス、トマトなどの夏野菜もつくりたがるんですが、学生たちは農場に毎日来られなくて、草ぼうぼうで、実がなったまま腐っていたり、キュウリがお化けになることもある。やっぱり農業というのは、毎日手をかけないと、ちゃんとしたものはできないということを実感してもらえたらと思っています（小池）

ジャガイモの芽が出るには2〜3週間かかる。1週間水をやり続けても、種イモを植えてあるはずの畝はそのままで、何の変化もない。須藤は心配になってきていた。しかし、掘り出して様子を見るわけにもいかない。

ある日、土の上にやわらかい小さな緑の芽が出ているのを見て感動した。それからは「どんなふうに成長するのだろう?」と、毎日楽しみに観察していたのだが、日照りが続いて、なかなか大きくならない。「このままで大丈夫なんだろうか?」とやきもきしていたところに、久しぶりの激しい夕立が降ってきた。

翌日、農場に行ってみると、「うわっ、成長している!」。

こんなに顕著に出るのか…。雨がほしかったんだなあ…。須藤はしゃがみこんで、ジャガイモを眺めた。ぐんぐん伸び始めた緑の葉が、なんだか愛おしく思えてくる。植物って、手をかければこんなに素直に応えてくれるのか。

あの時は、自然の恵みを与えれば、こんなふうに植物は成長するんだって、いろいろなエネルギーを感じました。植物の持つエネルギー。天の恵み。大地のエネルギー。もし、自分がそういう天からの恵みみたいなもの—成長するために欲しているもの—を与えることができれば、子どももこんなふうに育つのかな、と。ジャガイモが、水を得たとたんにグーンと伸びたように。自ら「育つ」ということを実感したんです。

農業と教育って、こういうふうにつながるのかと思いました（須藤）

須藤は林部さんが、「１日の間、少しの時間でもりんご畑に行かないと落ち着かないんだよ。なんか子どもみたいな感覚なんだよ」と言っていたことを思い出した。少しわかったような気がした。

農業の奥深さ

「植えたかった!」

4月の活動がうまくいったので、須藤と原田はますます張り切っていた。5月は、サツマイモとトウモロコシとヤーコンを植えて、ベジタブルバスケットというゲームをすることにした。ゲームには、学生と子どもの交流と英語活動という狙いがある。

活動の小道具作りは時間がかかる。三つの作物の説明を、それぞれわかりやすいカラフルな絵とクイズなども入れ、模造紙7枚に書き上げた。ゲームのためのメダル作りも手間がかかった。段ボールを切り抜き、印刷したサツマイモ、トウモロコシ、ジャガイモの絵を貼って色を塗る。島田も懸命に準備した。3人はやればやるほど、「これだけ頑張れば大丈夫だろう」「次もきっとうまくいく」という自信が湧いてきた。

活動当日は暑い日になった。子どもたちを前に7枚の模造紙を見せながら説明をしていると、なんとなく子どもがダレてきている。須藤は「しまった…。説明が長かったかな」

と思った。
その日参加した子どもたちは年少（3～4歳）から中1までの42人。それに対して学生スタッフは20人で、そこに三役とＪＡの小池さん、林部さんが入った。子どもと学生は、それぞれレッド、イエロー、ブルー、ホワイト、グリーンという五つのグループに分かれている。それぞれのグループがヤーコン、サツマイモ、トウモロコシに分かれて、植え付けの作業を始めた。

それにしても暑い日だった。5月なのに真夏のようだった。こまめに水分補給もしなければ具合の悪い子が出てくるかもしれない。作業は遅れていたが、トイレと水分補給のために、予定通りの長さの休憩時間をとった。計画では、植え付け作業を終了させていなければならない時刻だったが、サツマイモの植え付けはまだ途中だった。

須藤と原田は休憩中、「この後、サツマイモの植え付けを終わらせるか、ベジタブルバスケットをするか」で悩んだ。植え付けを終わらせたいのはやまやまだけど、ダルトン先生にお願いしている英語活動も関係しているし、なんといっても今回は2回目の活動なんだから、〝狙い〟としてはゲームが必要だ。サツマイモの作業は途中でも体験はできたし、学生や残った人たちで植えたらいい。「よし、休憩が終わったらゲームをしよう」。それが

２人で決めた結論だった。

しかし、小池さんは真剣な顔で「サツマイモの植え付けは、最後までやった方がいいよ」という。林部さんは休憩もせず、黙々とサツマイモの作業を続けていた。須藤も原田も２人の様子が気になったが、仕方がないと振り切り、ゲームを開始することにした。

ちょうどこの時、須藤や原田とは違う畑でヤーコンを植えていた島田は、植え付けを終えてテントに戻ってきたところだった。２人からゲームをやることにしたと聞いて、日の当たるところにあったサツマイモの苗が枯れてしまわないかな？　と気になったが、特に何も言わずに原田たちの進行に従った。

ゲームが終わり、子どもたちはテントの下で絵日記をつけて、おにぎりを食べ始めた。そこへ林部さんがやってきて「枯れちゃうから、やっておいたよ」という。「まずい…」。須藤と原田は顔を見合わせた。

子どもたちが、おにぎりを食べ終わり、片づけたところで、終わりの式をした。原田が「今日は最後まで植えられなかったけど…」と言い始めると、子どもたちからは「最後まで植えたかった〜」という声が上がった。

「子どもたちは、植えたかったのか…？」

子どもにとって、植え付けよりゲームの方が楽しいだろうと思っていた須藤と原田にとっては、意外な言葉だった。

活動が終わって子どもたちを見送った後、須藤と原田、島田も、林部さんと小池さんに謝った。

林部さんは「こんなんじゃだめだ」と叱るように言った。「きみたちは、農業をやっているんでしょ。それなのに、農業をやり切らないというのはよくない。これから農業をやろうとしているのだったら、その心構えはよくない」

小池さんも続けて、炎天下にサツマイモの苗を出しっぱなしにしておいたら、あのままでは枯れてしまって使えなかったこと、ほったらかしはよくないことを、２人が初めて聞く厳しい口調で言った。

精一杯やっても失敗する

農場からキャンパスに引き上げて、須藤と原田は林部さんたちの信頼を得るにはどうしたら良いかを話し合った。須藤は記念誌のこともあり、翌日、林部さんの家に行った。原田を誘ったけれども、原田は一緒に行けなかった。原田は、須藤が思った以上に落ちこんでいたのだ。

最初の活動でみんなを喜ばせることができて嬉しかった。さらに頑張ろうと、持てる力を出して精一杯に取り組んだのに。うまくいかなかったどころか、林部さんや小池さんを怒らせてしまった…。

5月とは思えないほどの暑さだった。青木村で通学合宿中だから、学生スタッフが少なくて、人手がなかったから時間が遅れた。それで農作業か、ゲームかを選択しなければならなかった。うまくいかなくても、仕方がなかったとも思う。

原田は、精一杯やっても、力を出し切っても、最後には怒られることがある…と思うとやるせなかった。精一杯やったのに。ほめられるどころか、怒らせてしまったのだ。

何よりも、子どもたちを喜ばせたいと思って企画して頑張ってきたのに、子どもからは「最後まで植えたかった」という一言が飛び出した。

何をやっているんだ。こんなに必死でやってきたのに、自分は間違っていたのか。他の誰よりも茂菅の農場長になるために取り組んできたのに、自分はこれじゃだめなのか…。

ブレることなく、まっすぐに目標に向かって取り組んできた原田だからこそ、落ち込み方は激しかった。

須藤は、林部さんのところから帰ってきて原田に電話をかけた。「信頼を得るためには今、林部さんに会った方がいいよ。逃げちゃいかん。ここんところは大事にせなあかんとこや」。

原田は沈んだ声で、「うん、そうだね。次は必ず行くから」と答えた。

原田は、わかっていた。逃げたかったけれど、逃げてはいけないこと、自分も須藤と一緒に行かなくてはいけないことは、わかっていた。でも、どうしても「よしっ」という気持ちになれなかったのだ。

それから原田は活動のまとめをしながら、これからは農作業を主にしながらやっていくことを副の２人と確認し合った。

翌週、６月の活動の打ち合わせがあった。原田は須藤と一緒に林部さんの家へ行くことができた。

もう一つの畑

2人、特に原田の落ち込みようは激しかったが、島田はあまりこたえていなかった。農作業かゲームかの選択は原田と須藤の判断で、島田の意見は入っていないこともあったが、この日、島田はもっと大変な経験をしていたからだ。

ヤーコンの植え付けは、肥料提供などを協力してもらっているボランティアの高橋正輝さんが提案してくれたものだった。活動全体の進行は、原田と須藤が担当するので、島田は高橋さんとヤーコンの植え付けの準備をしていた。ヤーコンを植える畑は、しばらくの間作物をつくっていなかったので、耕して堆肥をすきこんでから畝を立て、マルチをかけて、ようやく子どもたちに植えてもらう段階になる。

5月の活動日が近づくと、島田はたびたび高橋さんから電話をもらった。高橋さんは畑の状態や道具について質問しては、熱心に準備を進めていた。当日の朝も「やることがあるから、早めに農場へ行きます」と言う。島田が何時ごろかと聞くと「私は6時には畑に行って作業をしています」と言うではないか。

ろ…6時ぃ…？　島田は、「なんて早くから…」という言葉を飲み込み、「それでは、6時に私も行かせていただきます」と言った。

覚悟を決めて早起きし、茂菅農場へ行くと、すでに高橋さんは働き始めていて、一輪車に堆肥を積んできてくれと、スコップを持たされた。4月にジャガイモの畝を立てる前に、みんなでやった時には、男子が2人がかりで堆肥を運んでいた。

ミミズがうじゃうじゃいる、牛糞が混じった堆肥を、島田は1人で一輪車に載せては運んだ。朝早くから、自分がこんなことをしているのが信じられなかった。

しかし、高橋さんは黙々と頑張っている。島田のほかに学生はだれもいない。島田は余計なことは考えずに、ただただ必死に堆肥を運び続けた。8時過ぎ、ようやくみんなが農場へやってきた。数人の男子が気付いて島田を手伝いに来てくれて、島田はやっと一息つくことができた。もちろん、この作業が6時から続いていたことは、手伝ってくれた男子学生も、須藤も原田も、ほかのだれも気づくことはなかったが。

信頼の回復

6月は、大豆と小豆の植え付けと古代米で文字が浮き上がるように田植えをする、という難易度の高い活動が待っていた。「やりたい、やりたいだけではだめなんだよ」という林部さんの言葉を受けながら、須藤と原田は活動内容をいくらかシンプルにして、入念な打ち合わせを行っていた。特に古代米で文字を描くことには、打ち合わせのほとんどの時間を費やした。

浮き上がらせる文字は「モスゲ」に決めた。まず、古代米を植える位置をどう特定するか。水の入った田に下書きをするわけにはいかない。文字の大きさ、すでに育て始めていた苗の本数で可能な植え方を計算することなど、2月に「古代米で文字を描こう！」と盛り上がった時には、こんなにも手間のかかることだとは、だれも思わなかった。実際に始めてみて、みんながようやく気づいたのだ。

打ち合わせを重ねた結果、植える位置の特定には、水面より20センチぐらい上に完成形の「モスゲ」の文字が浮き上がって見えるように、文字の輪郭に合わせて棒を立ててテープを回しておくことにした。文字の大きさは、須藤の数学科の友人に計算してもらった。

では、どう植えようか。今までのように田んぼの端から端まで一斉に並んで植えるやり方ができない。文字の周りをさらに四角く囲み、一斉植えと区別がつくようにした。うるち米と古代米の苗の違いはわかりにくいので、文字の部分になるテープの内側は高学年の子どもたちに担当してもらい、その周りの細かいところは保護者に植えてもらうことにした。

綿密な打ち合わせが功を奏し、若干のトラブルはあったが、ほぼ予定通りに苗を植え切ることができた時、林部さんは「よくやったね」と言ってくれた。須藤も原田もほっとした。

作物を育てるということ

ハクビシンが来た

7月の活動は、春に植えたジャガイモを採って食べる、というシンプルなものだった。ジャガイモの収穫は毎年評判の良い活動なので、原田は、ゆったりと時間に余裕が出るような企画を考えた。

すると活動の合間の空き時間に、子どもたちは思い思いに草や虫たちで遊び始めた。こうなると、数人は必ず「魔女スープ」なるものをつくる。雨水のたまったドラム缶に泥や草を入れてかき混ぜると、怪しい魔法のスープができるのだ。これを子どもたちは学生たちに「飲んで！」と持ってくるのだからたまらない。でも原田は、こういう子どもたちの姿が大好きだった。

この年のジャガイモは、堆肥をたくさん投入したおかげで大豊作になった。子どもたちはもちろん活動に参加した学生スタッフ、関係者にお土産としてたくさん持ち帰ってもらうことができ、地主さんや近所の方にも配ることができた。

畑の周りの自然を相手に、思い思いに遊ぶことができる茂菅農場。収穫があってもなくても、いろいろな楽しみ方ができる農場は宝の山だ

８月も子どもたちが大好きなトウモロコシの収穫がメインの活動になる予定だった。しかし、７月の末になって、衝撃的なメールが原田のスマホに送られてきた。

小池さんが近くに来たついでに茂菅農場を見に行ったら、なんと収穫直前のトウモロコシが半分以上、ハクビシンにやられているという。原田は須藤と島田にメールを転送し、それぞれ授業を終えてから農場に集合した。

前の年もハクビシンに食べられたと聞いていたので、今年はそんなことにならないようにと、防護ネットを高めに張って防いでいたつもりだった。ネットの下部に引きちぎったような跡があったので、下から入ったのかもしれない。ネットを何重にもして、簡単に引きちぎられないようにして、ワナも仕掛けた。ワナは、林部さんが近所に住む猟友会員、荒井敏夫さんに連絡して、仕掛けてもらったものだ。

それからほぼ毎日、３人のうち誰かしらがサツマイモの水やりや草取りをしながら、トウモロコシ畑を見張っていた。だが、対策もむなしく、トウモロコシは日々食べられて、活動日前には食べられそうなトウモロコシすべて、ハクビシンにやられてしまった。

３人は毎日、なす術もなく、食べられていくトウモロコシを見ているのが辛かった。ハクビシンは木に登れる。どうやらネットを張るための棒を伝って、侵入していたらしいということだった。

「ちきしょう!!」って、しょうがないじゃ済まされない気持ちでしたね。よくテレビのニュースで、農家の方が自分たちの育ててきたものを動物に食べられてしまって、それでも「しょうがないね…」って言っているのを聞いていましたが、こんなに悔しい思いをしていたんだと思うと、農家の方々はすごいなって思いました（須藤）。

テレビを見ている限り、須藤は、野生動物に対処できる方法がもっとあるのではないかと思っていた。けれど、実際には何もできなかった。ワナを仕掛けている時も、「彼らも必死なんだから、こんなことではダメなんだろうな」と思い、どうしようもない非力さを感じていた。そして悔しい思いを抱えながら、状況を受け入れて、農業を続けている農家の人々のたくましさと懐の大きさを思った。

しかし、それはそれ、これはこれだ。須藤も原田も子どもたちに収穫したトウモロコシを食べさせてあげられないのは、ものすごく残念で、「子どもたちに申し訳ない」と自分たちを責めていた。

「仕方がないよ」。林部さんが言い、せめて子どもたちが活動日にトウモロコシを食べられるようにと、ＪＡの小池さんに手配してもらうことになった。

須藤も原田も島田も、現実を受け入れるしかないとあきらめがついた頃。８月の活動日の２日前になって、土井教授のところにハクビシンがワナにかかったという電話が入った。何日か前に捕まっていたらしく、「死んでしまったハクビシンが異臭を出しているから処分してほしい」という近所からの苦情の連絡だった。原田には「今さら…」という思いがあった。しかし、「こういうことは早いうちに」と土井教授から言われ、近所のお宅へお詫びに行った。

活動の前の日、原田は翌日の農場で配る「玉米粥」というトウモロコシ入りの中国粥を50人分作った。作りながら、ハクビシンにやられてしまったトウモロコシを見て落胆する子どもたちの顔が浮かび、「収穫」という一番の喜びが台無しになったことをいったいどう説明すればいいのかと途方に暮れた。その晩はよく眠れず、みんながお粥を「まずい、まずい」と言っている夢まで見てしまった。

翌日、子どもたちにトウモロコシ畑の前に集合してもらい、トウモロコシがハクビシンにやられてしまったことを説明した。須藤がプリントしてきたハクビシンの写真を大きく拡大したパネルを見せると、子どもたちは「こんな動物が犯人なのか」と興味津々だった。畑の片づけ作業の間も、子どもたちは特に残念そうではなく、ベビーコーンのような小さなものを見つけては喜び、楽しそうに作業をしていた。ＪＡを通して信濃町から取り寄せたトウモロコシも原田がつくったお粥も、「おいしい！」といって食べてくれた。

原田も須藤も、子どもたちが自分たちの予想と違う反応だったことに拍子抜けしながらも救われた。収穫ができなくても、いろいろな楽しみができる農場の懐の大きさを感じ、どんなものも、遊びや学びに変えてしまう子どもたちのすごさにも驚いた。

サツマイモを守る

トウモロコシの活動が終わったその日、原田たちはいやな話を聞いた。近くの茂菅保育園でサツマイモがイノシシにやられてしまったという。

「サツマイモは、絶対に守らなきゃならない」

サツマイモは、教育学部の学園祭で焼き芋にして販売しようと考えていたのだ。原田たちは再び猟友会の荒井さんに相談することにした。

翌日、荒井さんがキャンパスまで来てくれた。イノシシから作物を守る方法としては、電気柵、電気柵もどき、板囲いなどがあるという。「電気はお金がかかるが、板囲いならなんとかなりそうだ」と話しながら、林部さんの家で相談することにした。

林部さんは、さっそく板囲いの方法を教えてくれた。「板はベニヤ板をもらえるよ」。ベニヤ板の調達先として、近所にある有限会社ひかり興業を紹介してくれた。

次の日、原田がひかり興業に出向くと、「廃材置き場においてあるものだったらどれを使ってもいい」と快く応じてくれた。廃材を運ぶ時は軽トラも貸してくれることになった。

そのあと会社はお盆休みに入ってしまうので、お盆が明けたら須藤と一緒に、改めて作業することになったのだが、原田はその間にイノシシが来たらどうしようと、気が気でなかった。

お盆が明けた午前中、原田は須藤と一緒に、キャンパスで竹の杭棒《くい》をつくった。竹はずっと以前に「何に使ってもらってもいいよ」と土井教授が提供してくれていたものだ。長さをそろえて先を鉈《なた》で斜めにカットする。これを50本ほど用意した。なぜか須藤は、鉈の使い方がうまかった。

午後、須藤の車に杭棒を積み込み、ひかり興業へ向かった。その途中、茂菅大橋の上に車を止めて、橋の下に広がる農場の様子を見た。原田は、お盆前と変わらない農場の様子が見えてほっとした。

廃材置き場のベニヤ板は、あちこちに置いてあり、当然ながら厚さも大きさもばらつきがあった。2人は使えそうなものを探して、23枚を集め、軽トラに積み込んだ。汗がダラダラ流れて、のどはカラカラだ。須藤も原田も自販機で飲料水を買い、その場で一気に飲み干した。2人は軽トラで農場へ行き、ベニヤ板を下すと、ひかり興業へ戻って廃材と軽トラのお礼を言った。自販機で2本目のペットボトルを買った2人は須藤の車でまた農場に戻ると、畑を囲むベニヤの板囲いをつくり始めた。

横長に2枚のベニヤ板を立て、端を少し重ねて内と外に杭を打つ。その作業をひたすら繰り返し、少しずつサツマイモの畑が囲われていった。作業が8割ぐらい済んだ夕方の5時、後の予定のあった須藤が「申し訳ないけれど、これで」と先に引き上げ、残りは原田が1人で作業した。夕方にはギラギラ照りつける太陽もなく、だんだんと涼しくなってくる。さっきよりも畑が広く感じて、原田は少し心細くなった。

1時間後、板囲いがようやく完成。「う〜ん、よくできた」。原田はさっそくスマホで写真を撮り、6時4分、フェイスブックにアップした。原田は時々、茂菅の様子をアップしていた。

ちなみにイノシシの視界は地上60センチぐらいで、それより高いものは見えないので、侵入されることはないという。原田と須藤がつくった板囲いは高さが90センチだから十分だ。

「これで安心して教育実習に行ける」。原田は満足しながら、今度は歩いて寮に帰った。

田んぼの「モスゲ」

教育実習が始まった。須藤と原田は松本市の附属松本小学校、島田は長野市の附属長野小学校が実習先だった。8月21日から9月12日までの実習期間中、長野市に残った島田が週末を使って農場へ出掛け、大根の土寄せなどの作業をした。

8月の終わり、島田は古代米の少し濃い緑色の稲が、田んぼに「モスゲ」という文字をくっきり浮かび上がらせている写真を撮り、スマホで須藤と原田に送った。松本でそれを見た須藤の心は、一瞬、茂菅に飛んだ。毎日、教育実習で緊張して硬くなっていたものが和らいだ。「茂菅に行きたい！　見てみたい！」

しかし、残念ながら、須藤と原田が田んぼのきれいな文字を実際に見ることはなかった。この後、台風が来て稲が転び、きれいな文字が浮き上がっている光景を見ることはできなかったのだ。

教育実習が終わって10日ほど後、9月の活動である稲刈りの日が来た。茂菅農場では、これが最後の稲刈りだった。その年も3列の稲架《はぜ》をつくり、古代米ともち米とうるち米を区別して、稲架掛けをした。うるち米の一部は国際協力米としてＪＡ長野県グループを通じ、例年通り、マリ共和国へ送られた。

茂菅農場は終わらない

思い思いに楽しむ時間

茂菅ふるさと農場14年の歴史を閉じる閉場式の準備が本格化した。閉場式の担当は須藤。島田がそれを手伝い、原田は農場最後の活動を担当することになった。

閉場式のおおまかな流れは、6月に決められていて、会場の手配や参加者への案内は進んでいた。後は、当日の流れと学生スタッフの動き、昼食会や懇親会の詳細を決めて、実際に動くだけだ。

須藤を中心に、原田、島田、林部さん、小池さん、そして土井教授。何回か打ち合わせを重ねて、当日のタイムスケジュールが決まった。

8時　準備開始
9時　子ども受付
10時〜12時　脱穀とサツマイモ掘りの活動

12時30分～13時30分　閉場式（関係者のあいさつと神事）
13時30分～昼食会（焼き芋と古代米の赤飯おにぎり）
15時～17時　懇親会

通常の活動にはない赤飯おにぎり作りに加え、来賓のための車の誘導や駐車場係、活動後の閉場式準備の間に子どもたちの相手をする係など、今回は大勢の学生スタッフが必要になる。3人共、積極的に声をかけて、学生スタッフはいつもの2倍近い40人を集めた。駐車場予定地は草が生い茂っていたが、土井教授がさっさと刈っておいてくれた。

いつもよりにぎやかな、茂菅農場最後の活動が始まる。新聞社の記者、テレビ局も来ていた。

須藤は脱穀を担当。足踏み脱穀機とハーベスター（自走自脱型脱穀機）の2台を用意し、子どもたちに足踏み脱穀機を体験してもらう。小池さんが使い方の見本を見せた後、子どもたちが順番に使ってみる。一斉にできないので順番を待つことになるが、子どもたちはじっと待ってはいられない。落ちている稲穂を集めてきたり、広くなった田んぼを走り回ったり、籾《もみ》を拾って自分の手で剥《む》いて、中から白いお米を出したりして楽しんでいる。建物の中の活動だったら、こうはいかない。茂菅だからこそ、自由に遊べる貴重な待ち時間ということになる。学生スタッフにとっても、子どもと思い思いに過ごせる時間だ。

空き時間は、運営する側から見ると、ちょっと気になる時間で、ずっと何かすることを用意しなければと思っていました。でも、次第に子どもたちは自分で好きなことを見つけて遊び始めるんだということがわかってきました。最後の日も本当に思い思いに楽しんでいて、やっぱり自然、茂菅ってすごいなあと思っていました（須藤）

原田の担当したサツマイモは豊作だった。小さな子どもたちは、大きな芋を掘り出すのが大変で、学生たちが一緒に掘り出す。自分の顔より大きい芋を持ち上げて、デジカメの前で得意げにポーズをとる子どもたち。原田も今までに見たこともないほど大きい芋を掘り出した。

島田は古代米のおにぎり作りを担当した。林部さんの家の庭で、蒸籠《せいろ》を使って古代米を蒸し、4人の学生スタッフと160人分のおにぎりを作って振る舞った。

脱穀を終えた須藤は、稲架掛けの足を片付け、祭壇を準備し、その横に今まで田や畑で使ってきた農具と、ハーベスターを置いた。閉場式に参加する人々に段取りを説明し、神事の中の「礼」のタイミングを伝えて回った。

次代につなげる夢

閉場式が始まった。

総合司会は島田、開会のあいさつは原田だった。

学部長代理として、永松裕希副学部長が出席し、「農作業を核として、子どもと保護者と学生、学生同士、学生と活動を支えてくれる方々という、人と人とのつながりをつくってこられたことが、学生たちにとって何より価値のあることだった。学生の発想は自由でユニークなものだが、実現するのは大変なこと。そこをJAながの、林部ご夫妻、茂菅の方々に相当にお力添えをいただいた。真に感謝を申し上げたい」と教育学部を代表して謝辞を述べた。JAながのへ感謝状を贈り、JAながのの小池宏明さんのあいさつが続いた。

真っ青な空。きれいに刈り取られた田んぼ。リンゴ箱の上に白い布に包まれた天板を置いてつくった祭壇には、三方に盛りつけた果物や野菜、乾物、酒などのお供え物が並んでいる。祭壇から7、8メートルほど下がったところに、大人と子ども合わせて159人が静かに頭を垂れる中、神主の祝詞《のりと》が響き渡った。

ざわざわと風が田んぼの南側にある緑の木々を揺らす。秋の明るい日差しに包まれた茂菅農場に、優しい温かな空気が満ちていた。

須藤は、何かに見守られているような「自然と一体になった神聖な空気」を感じていた。「14年間、茂菅農場が無事にやって来られたのは、何かに見守られてきたからなんだ」と思ったという。

神事が終わると、全員で記念撮影。それから、土井教授と農場長の原田、林部さん、地主さんの手で田の畔に立てていた農場の看板が取り外された。「信大茂菅ふるさと農場」「国際協力田」「信大茂菅　FARMING VILLAGE」の3枚の看板が、田んぼの真ん中に静かに横たわった。

最後に、須藤が閉会のあいさつをする。

「信大茂菅ふるさと農場は、今日をもって14年間の歴史に幕を閉じます。しかし、みんながふるさとと呼ぶこの農場が育んだ魂は、これからも消えることはありません。消えな

取り外された農場の看板

土井教授、林部さん、歴代の学生たちをはじめ 160 人が集まった茂菅農場の閉場式。秋の日差しが優しく降り注いでいた

い魂が、また新しいものを生み出すことを、私は心から願っています。本日は、ご参加いただきまして、誠にありがとうございました―」

閉場式が終わって、須藤はやっとリラックスした。OB対応の係だったので、記念誌の原稿のお礼などをしながら、古代米のおにぎりをほおばった。林部さんや土井教授が、茂菅を巣立っていった大勢の先輩たちと話をしている。2人の穏やかで嬉しそうな表情を見て、須藤はほっとした気持ちになった。思い出に残るものになったかな…。周りを見渡せば、みんないられるだけ農場に留まって、お互いに話をしている。どの表情も穏やかで茂菅農場が閉場することを悲しんでいる人はいなかった。その中に、姉の明子の姿もあった。

農場がなくなるのはさみしいけれど、この農場がなくなったとしても、ここで生まれた私たちの仲間との関係が続いていることには変わりなく、そこから生まれてくるものもいっぱいある。閉じることにマイナスのイメージはなく、あるのは感謝の気持ちだけですね（須藤明子）

14年間お世話になったから、ただ閉めるのではなくて、一つの決まりをつけたいと思ってね。それが閉場式だった。大地と人、近所や地主や学生、みんなひっくるめて感謝したい。ただ切なくて終わりにするのではなくて、お祝いをかねた最後だった。だから、古代米の赤飯を出して、神主さんにお願いして祝詞をあげてもらって、感謝の気持ちを最後に表したいと思ったんだよね（林部）

この後、キャンパスに会場を移し、お茶とお菓子で懇親会が開かれた。須藤が3日前に思いついてほぼ徹夜で作り上げた静止画ムービーは、記念誌の原稿として集まった写真を組み合わせたもので、会場を盛り上げた。卒業生たちの何人もが「茂菅農場があって、今の自分がある」という熱い思いを語り続けた。

「学生たちが、厳しい教育現場でも踏ん張っていける足腰の強い教師になれるよう、私は何をしなくてはならないか」

土井教授が自問自答を繰り返す中で出会った「茂菅」という土地。林部さんというパートナー。ＪＡながのを始め、多くの協力者がそろってこそ、「信大茂菅ふるさと農場」は存在することができた。茂菅農場はいつまでも卒業生と学生たちの心の中にあり、いつまでも「人」を育み続けている。

そして2014年4月―。茂菅農場は「信大茂菅まんてん農場」という新しい名前がつけられた。

第15代の農場長として、手を挙げたのは新3年生の中島聡（仮名）。高校生の時から「信大YOU遊」に憧れて信大教育学部に入学、2年になるのを待ちきれず、1年の時から松本から通って、農場の活動に携わって来た強者だ。

まんてん農場は、土井教授が始めたものではない。茂菅を続けたい、という学生たちの心意気が中心になって生まれた農場だ。次代につなげる夢を乗せて、茂菅農場でまた多くの人と作物が育つ。

信大ＹＯＵ遊の活動の流れ

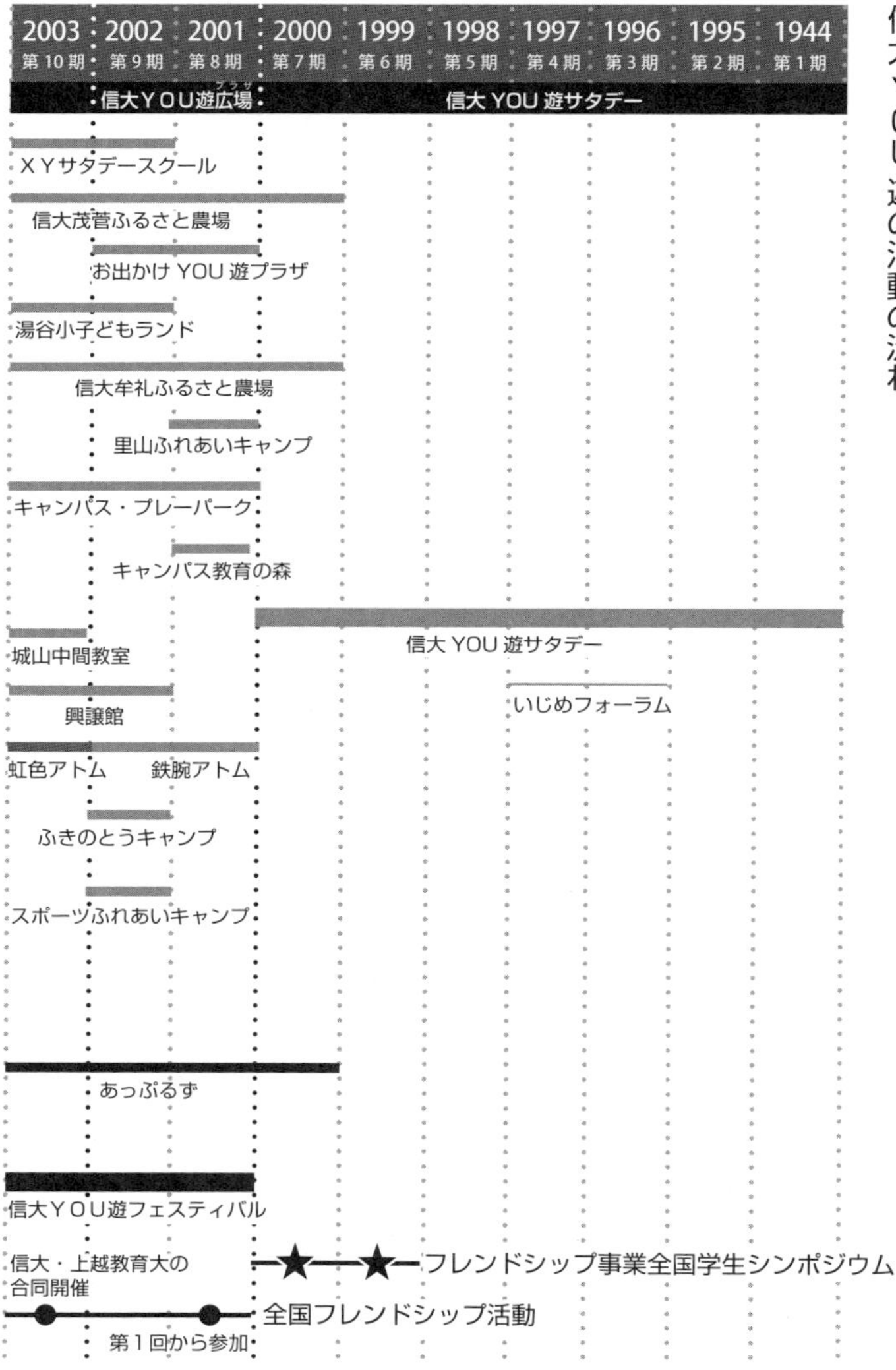

2003 第10期
2002 第9期
2001 第8期
2000 第7期
1999 第6期
1998 第5期
1997 第4期
1996 第3期
1995 第2期
1944 第1期
信大ＹＯＵ遊広場《プラザ》
信大 YOU 遊サタデー
ＸＹサタデースクール
信大茂菅ふるさと農場
お出かけ YOU 遊プラザ
湯谷小子どもランド
信大牟礼ふるさと農場
里山ふれあいキャンプ
キャンパス・プレーパーク
キャンパス教育の森
城山中間教室
信大 YOU 遊サタデー
いじめフォーラム
興譲館
虹色アトム
鉄腕アトム
ふきのとうキャンプ
スポーツふれあいキャンプ
あっぷるず
信大ＹＯＵ遊フェスティバル
信大・上越教育大の
合同開催
フレンドシップ事業全国学生シンポジウム
全国フレンドシップ活動
第１回から参加

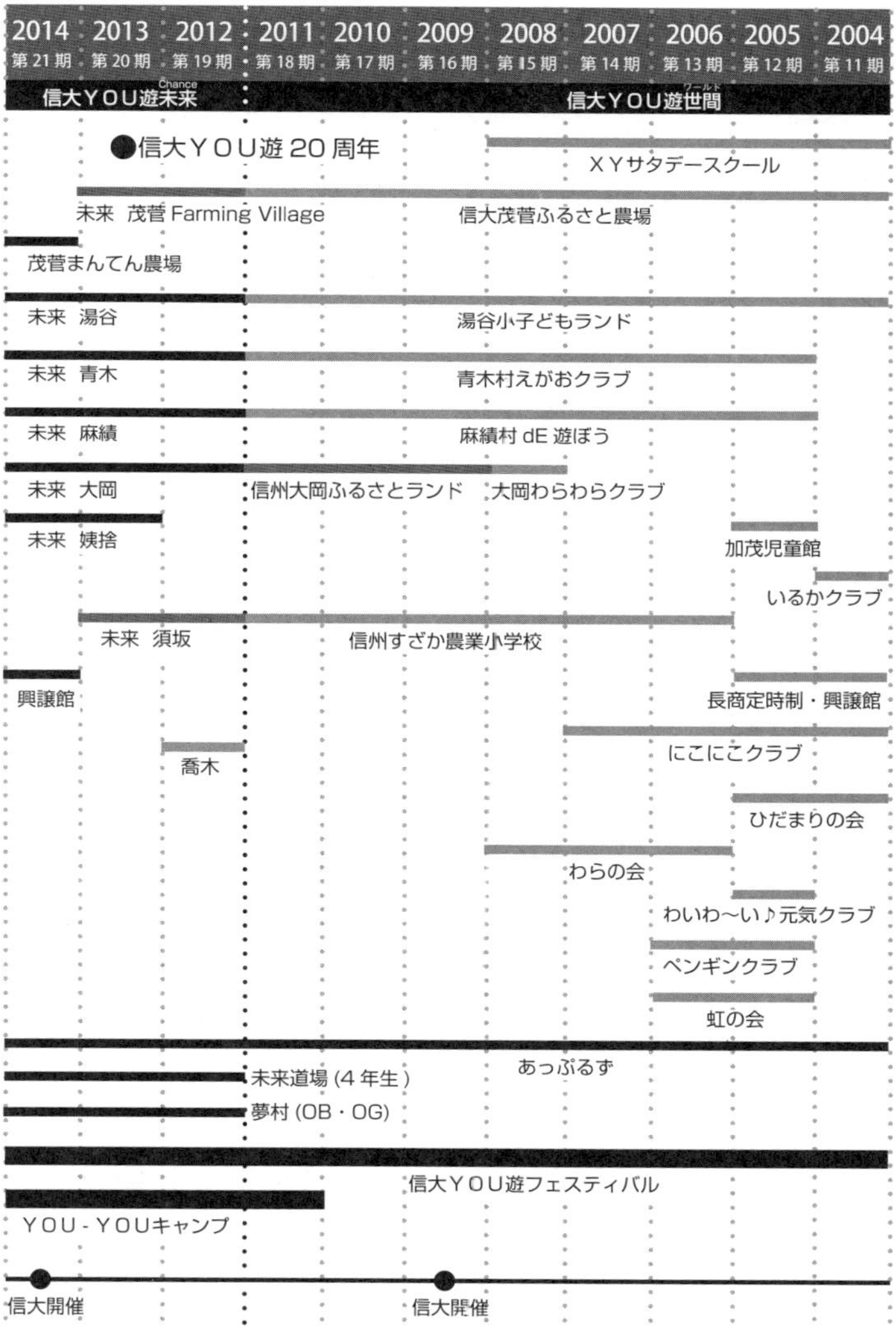

2014 第21期
2013 第20期
2012 第19期
2011 第18期
2010 第17期
2009 第16期
2008 第15期
2007 第14期
2006 第13期
2005 第12期
2004 第11期
信大ＹＯＵ遊未来《Chance》
信大ＹＯＵ遊世間《ワールド》
●信大ＹＯＵ遊 20 周年
ＸＹサタデースクール
未来 茂菅 Farming Village
信大茂菅ふるさと農場
茂菅まんてん農場
未来 湯谷
湯谷小子どもランド
未来 青木
青木村えがおクラブ
未来 麻績
麻績村 dE 遊ぼう
未来 大岡
信州大岡ふるさとランド
大岡わらわらクラブ
未来 姨捨
加茂児童館
いるかクラブ
未来 須坂
信州すざか農業小学校
興譲館
長商定時制・興譲館
にこにこクラブ
喬木
ひだまりの会
わらの会
わいわ〜い♪元気クラブ
ペンギンクラブ
虹の会
あっぷるず
未来道場 (４年生)
夢村 (OB・OG)
信大ＹＯＵ遊フェスティバル
ＹＯＵ - ＹＯＵキャンプ
信大開催
信大開催

信大ＹＯＵ遊の変遷

信大 YOU 遊サタデー　1994～（第１期～）

教育実習を終えた学生たちの「もっと子どもたちと関わりたい」という声を受け、信州大学教育学部の土井進教授（当時助教授）が、「子どもたちを大学に招き、体験的学習の場をつくろう」と学生に呼び掛けたのが始まり。実践的な指導力をつけたいと願う学生たち 36 名が実行委員会を組織し、スタートした。

1994 年６月６日の第１回実行委員会において名称決定。土井教授が提示した「ビューティフル・第二サタデー」をもとに、「この活動は楽しいものでなくてはならない」との思いから「遊」、「子どもたちと一緒に思いきり遊びたい」から「ＹＯＵ」、「学校週５日制に伴い土曜日に子どもたちを受け入れる取り組み」から原案の「サタデー」を採用。土井教授が、信州大学での取り組みであるからと「『信大』を冠する」ことを提案し、全員一致で「信大ＹＯＵ遊サタデー」となった。初活動日は９月 10 日。

信大ＹＯＵ遊広場《プラザ》　2001～（第８期～）

2001 年、一過性のイベント的な活動から継続的な活動へ方向転換を図るため、茂菅ふるさと農場、牟礼ふるさと農場の２農場を含む７つの活動をもとに新たな活動形態を目指し、「信大ＹＯＵ遊広場［プラザ］」と改称。「広場」とは、学生たちの自主自律によって「やりたいこと」を実現するための継続的に活動する「組織」あるいは「場」という意味。

サタデーの７年間で学校週５日制は定着し、信大教育学部はサタデーを契機に「臨床の知」を基本理念に据え、より実践的な授業科目を整備した。一方で、学生が子どもと関わる授業の充実により、学生と子どものふれあいの場を創るという当初の目的が薄れ、100 ～ 300 人規模の子どもの参加は学生側の負担も大きく、サタデーという形態が限界に達していた。

信大ＹＯＵ遊世間《ワールド》　2003～（第 10 期～）

国立大学法人化を前に、より柔軟性のある行動力に富んだ学生組織を目指して、「信大ＹＯＵ遊世間［ワールド］」に改称。「世間」という言葉は、もっと大きな視点、つまり「学生が世の中に出て、地域の人々の中で学ぼう」という姿勢と地域社会の中で活動することを表現した。学生たち自身の人間力と社会力の形成と、地域貢献を両輪とした。

広場が目指した継続的な活動は達成できたものの、大学側からの発信、企画をベースにしているだけでは地域団体との連携の構築は難しく、危機管理上のシステムにも問題があった。「地域社会の教育は本来地域に根付いてこそ本物である」という考え方をもとに、学生は知恵と汗を流し、子どもの安全と場の確保を担ってもらえる地域の団体と連携するスタイルに変わった。

信大ＹＯＵ遊未来《Chance》　2012～（第 19 期～）

2013 年の 20 周年を前に、学生たち自身が「信大ＹＯＵ遊」の活動を遠大な未来へ継承発展させたいと改称。未来〔Chance〕には、未来はチャンス（機会）であり、この活動が信州教育の美質に学ぶ機会（Chance）であり、全国の学生との切磋琢磨を図る機会（Chance）であり、活動に関わる学生･子ども･地域のそれぞれの未来を創造する機会（Chance）となってほしいとの願いが込められる。

2014年（第21期）　信大ＹＯＵ遊未来《Chance》の活動

信大茂菅まんてん農場
2014～（第21期～）
長野市茂菅にある農場（畑のみ）で行う作付けから収穫までの農作業を中心とした活動。信大茂菅農場の閉場と同時に誕生した。「子どもたちと満点の笑顔で、満天の青空の下、栄養満点の野菜を作り続ける」が名の由来。自然の中で命を育み、収穫したものを食すことを楽しむ。

湯　谷
2002～（第9期～）
長野市立湯谷小学校の児童、保護者がつくるサークル「湯谷小子どもランド」での活動。長野市檀田地区センターをベースに、キャンプや遠足、工作など月1回程度、年間10～11回の活動の企画と運営を学生が行う。長野県短期大学の学生と信大ＹＯＵ遊の合同。

青　木
2005～（第12期～）
青木村教育委員会の育成事業「あおきっこ通学合宿」を中心とした活動。30人程度の学生たちが青木小学校の4～6年生約40人と寝食を共にしながら、6泊7日の通学合宿の生活面の企画と運営をする。

麻　績
2005～（第12期～）
麻績村の育成事業「おみっこ元気クラブ」の手伝いを中心とした活動。麦の種まきから収穫、いかだプロジェクト、たたきゴマ作りなど、休日を利用して村の自然や地域に関わるクラブ、キャンプのほか、通学合宿（2013年～）など、年4回の学生企画を運営をする。

大　岡
2008～（第15期～）
大岡農村女性ネットワークを通じて地域の活動に参加したり、大岡小学校放課後子どもプラン「わらわらクラブ」で平日の夕方、子どもたちと遊んだりする活動。学生企画は6泊7日の通学合宿を含み、年6回程度。小学生だけでなく、中学生が参加する企画もある。

姨　捨
2013～（第20期～）
国の重要歴史的景観に選ばれた棚田で稲作体験や散歩、収穫したものを食べる活動。学生の実家の協力を得て発足、所有する農地で活動を行う。参加者は、千曲市内の3才から高校3年生までと幅広い。

興譲館
2002～（第9期～）
2014～（第21期～）
2014年に再興。長野西高等学校の通信制の生徒を中心に、学習支援、ＹＯＵ遊のイベントや活動への参加、「来たいときに来られる」場の提供（教育学部キャンパス内）などを通して、生徒の学びの意欲や社会力の向上を目指す高校―大学連携プラン。2002年発足の興譲館は、主に不登校の中学生を対象に農作業や調理実習、学習支援などを行った。

●あっぷるず　2000～（第7期～）
茂菅農場の協力農家が営むリンゴ畑の作業手伝いなど。

●未来道場（4年生）　2012～（第19期～）
教員採用試験100%合格を目指し、4年生の資質能力向上のために学生自らが開いた修練の場。道場の清掃、体操、講義、小論文や面接の練習など。

●夢村（OB・OG）　2012～（第19期～）
人、教師としての“構え”を築くことを目標に、年4回程度の講演会や研修会、懇親会を実施。顧問は小岩井彰氏。

信大ＹＯＵ遊フェスティバル

Photo：2012年11月25日撮影

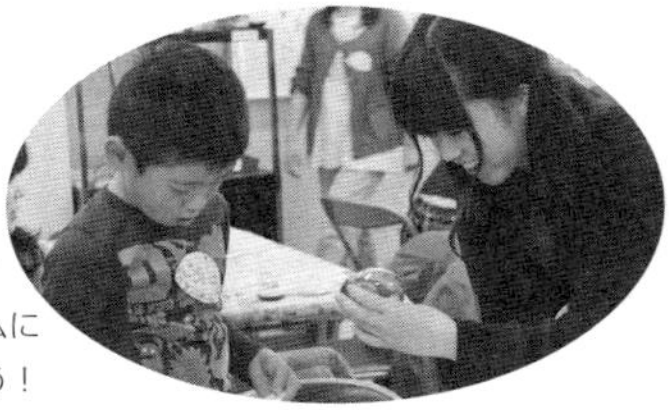

スノードームに
雪をふらそう！

年に一度の
学びと遊びの祭典！

信大ＹＯＵ遊フェスティバル、通称ＹＯＵフェスは、信大ＹＯＵ遊サタデーの形態を継承してできたお祭りだ。学生たちは20近い学びと遊びの講座を用意し、子どもたちをキャンパスに招く。ここには「やりたい人がやりたいことをやりたいようにやる」の原点がある。発想とやる気のある学生は2年生から4年生まで学年を問わず、講座長として参加し、自分のイメージを実現し、子どもたちを楽しませようと奮闘する。

毎年11月末頃の開催に向けた準備は4月、正副実行委員長が実行委員を募集するところから始まる。

それぞれの講座長は夏休みの間に自分のやりたい企画をまとめて、教育実習の終わる9月下旬に第1次企画案を提出。備品は何か、時間、安全性に問題はないかなど、実行委員によるチェックを受けて練り直され、フェスティバル数日前に第４次案で完全な実施計画に仕上げるのだ。

10月になると、当日参加する学生スタッフ

信大教育学部キャンパス

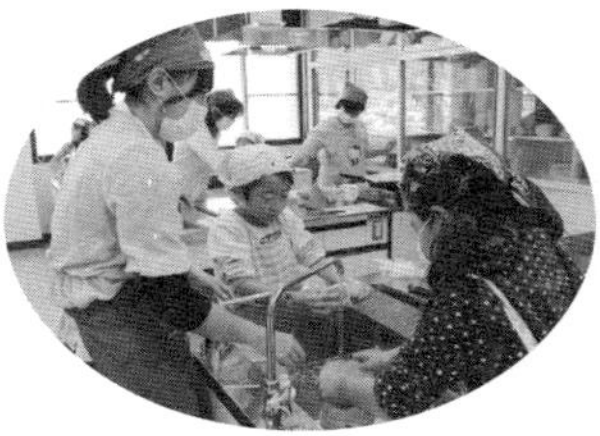

あわてんぼうのクリスマスパーティー☆

ソーラン節を踊ろう！

を募集する。教育学部キャンパスだけでなく、松本にいる1年生、他学部や他大学にも呼び掛けられ、信大YOU遊と似たような実践活動、フレンドシップ活動でつながりのある全国の大学からも、はるばる学生たちがやってくる。かつてのYOU遊サタデーと一番違うのは、こうした学生スタッフの人数の多さだろう。年によって違うが、総勢600人ほどの参加者のうち、子どもたちが250人、保護者100人、そして中学生や高校生のスタッフを除いても、200~250人ほどが学生であり、YOU遊サタデー時代の2倍近い学生数だ。

構内いっぱいに楽しみが仕掛けられたフェスティバル当日、長野市の教育学部キャンパスはまるでワンダーランドのような不思議な広場に変わる。子どもたちの歓声が響き、変装した学生たちが先頭になって走り回り、教室ではケーキ作りやミニチュアシティ作りが進む。

2日間の日程のうち、1日目はさまざまなところから集まる学生たちが緊張感をほぐし、仲良くなるためのレクレーションを行う。準備の後には前夜祭も開かれ、子どもたちを受け入れる姿勢がこれでできあがる。2日目は、講座ごとに学生たちが団結し、夢の1日を創り上げる。すべてを終え、2日間を共に過ごした仲間たちとの後夜祭では、夢を実現できた講座長たちの思いが一気にあふれ、熱い語り合いと涙の輪ができる。

ミニチュアシティをつくろう！！

信大ＹＯＵ遊の真髄、ここに

１９９４年に「信大ＹＯＵ遊」が発足してからこれまでの21年間、「信大ＹＯＵ遊」は、多くの新聞・テレビ・雑誌に報道されてきた。それらはＹＯＵ遊が何を実践しているかを報道するためであった。また私は、学生たちの真摯な教育実践を後世に遺し、事実を正確に、学術的に記載することを目的として、毎年度末に実践記録『「信大ＹＯＵ遊」の教師教育学研究』を第20集まで発行してきた。

20年の積み重ねによって、「信大ＹＯＵ遊」の名は長野県民の口に膾炙《かいしゃ》されてきた。一方、文部省（現文部科学省）が教員養成大学・学部フレンドシップ事業（平成9年度）のモデルに「信大ＹＯＵ遊」を選定したこともあり、全国の大学にも広く知れわたった。このフレンドシップ事業が契機となって、文部省は「教育実習」以外に、学生が子どもと直接ふれあうことが出来る授業科目を奨励するようになり、全国の教員養成課程において「臨床経験科目」が開設された。これは従来の教員養成カリキュラムに改革をもたらし、我が国の教員養成史における特筆すべき出来事となった。「信大ＹＯＵ遊」は教員養成カリキュラム改革に貢献したのである。

このように長野県内の地域社会や全国の教員養成に大きな影響があった「信大ＹＯＵ遊」も、一般に伝わっていくのは現象面の出来事が中心であった。しかし、ＹＯＵ遊を実践している学生たちは、ＹＯＵ遊の真髄を、五体と五感でしっかりと捉えてくれていたと思う。学生たちは自分の体験を通して得たものを、自分の言葉と自分の表現で実践記録に書き残してきてくれている。

実践に込められているＹＯＵ遊の真髄とは何か。

それは、普遍的な人間形成の道であり、「尽《ずく》」の発揮である。授業科目でもなければ、サークル活動でもない、ましてアルバイトでもないにもかかわらず、「信大ＹＯＵ遊」が20年も継続されてきたのは、この確固とした信念に根差していたからこそである。

これまでの20年間、ＹＯＵ遊の実践に込められた人間形成の宝庫を紐解いてくれる人は誰一人として現れなかった。この宝の鉱脈に初めて、鶴嘴《つるはし》を打ち込んでくれたのが中山万美子氏であった。

本書は、私が一度も用いることのなかった学生への直接インタビューをもとに、「信大ＹＯＵ遊」とは何であったのか、その真髄を物語として明らかにした初めての単行本である。

これまでの新聞記事、実践記録、そして学術論文に基づいて、ＹＯＵ遊の枠組みがきちんと押さえられていることは言うまでもない。中山氏はその上で、ＹＯＵ遊の実践に全魂を傾けた学生を自らの眼力で選び出し、徹底したインタビューの末に真意を的確にとらえている。著者渾身のインタビューに、学生たちも胸奥に秘めていた真情を吐露したものといえよう。

２０１４年8月10日に長野市のホテル信濃路で開催された「信大ＹＯＵ遊」20周年記念シンポウムが大きな機縁となって、中山氏はインタビューを開始した。

キャンパスで出会う学生という学生をつかまえては、インタビューしている姿に何度も出会った。私も「大岡とはどうしてつながったのか」「何故茂菅で農業を始めようと考えたのか」「湯谷との出会いのきっかけは」「小岩井彰教育長とはどのようにして出会ったのか」「麻績のプラザはどうして始まったのか」など、今はもう忘れてしまったようなことをズバリ質問されて、関係書類を調べてからお答えしたものである。

本書を読んでくださった読者には、学生たちの心の襞《ひだ》にきちんと寄り添った繊細な表現に驚かれ、また深く共感された方が多いのではなかろうか。本書はＹＯＵ遊に全魂を傾けて実践した学生の成長過程の物語であると言ってよい。一人ひとりの学生に何度も何度もインタビューを重ね、学生に当時の思いを甦らせ、学生の気持ちを余すところなくとらえた、実に流麗で素晴らしい表現力。当時の学生の実践の様子が脳裏に浮かび、感動を覚える。子どもと真剣に格闘している姿、学生同士の語り合いに真剣勝負でぶつかっている様子、寝る間も惜しんで教材準備に取り組むほどの子どもへの思い、どの実践にも私は深く深く敬礼する。

私は「信大ＹＯＵ遊」の生みの親として責任者として、信州大学教育学部の指導教員として、「やりたいことを、やりたいように、やらせていただいている」以上、事故だけは絶対に起こしてはならないと思っていた。「0災害言語」を合い言葉に、20年間ひたすら無事・安全のみを祈って学生の活動を見守ってきた。ＹＯＵ遊に関することなら、たいがいのことは分かっているつもりであった。

しかし本書を読んで、私は学生の心がまるで分かっていなかったことを知った。学生の深い悩みに同苦できていなかったことに直面した。私ができていないところを、周りの人たちがみんな真剣に受け止め、厳しくも温かく学生を育てて来てくださっていたことを如実に知った。学生の奮闘努力と地域の皆様、教育学部の教職員の皆様のおかげで、無事続けてくることが出来たことを改めて実感した。

とりわけ、第1回信大ＹＯＵ遊サタデーの出発に当たり、「何かあったら私が責任を取りますから、どうぞこの取り組みを始めて下さい！」と力強く背中を押してくださった当時の小林輝行学部長、漆戸邦夫附属教育実践研究指導センター長のお陰であった。ここに「信大ＹＯＵ遊」に対して深いご理解とご鞭撻を賜ったすべての皆様に衷心より感謝申し上げます。

最後に、信州大学の広報室を退職されてライターの仕事を始められた中山万美子氏が、処女作のテーマとして「信大ＹＯＵ遊」を定め、徹底した取材活動を通して、本書を出版してくださいましたことに、衷心より御礼とお祝いを申し上げます。また、編集の任に当たってくださいました信濃毎日新聞社出版部の山崎紀子氏に深く感謝申し上げます。

２０１４年10月

信州大学特任教授／淑徳大学人文学部教授　土井　進

あとがき

もう少し、土井進先生のことを紹介しておかなくてはならない。

私は信州大学で、「信大ＮＯＷ」という広報誌の制作を担当させていただいていたおかげで、「信大ＹＯＵ遊」の話を聞く機会が多かった。初めのころは、「新聞に見る信州大学」というコーナーの新聞記事の見出しばかりを並べた中に、「ＹＯＵ遊サタデー」をよく見つけた。ある時は、行事報告として「参加者３００名規模の出張サタデーをした」という情報をいただいて、よくわからないけれど「すごいなあ、学生よく頑張っているなあ」と頼もしく写真を眺めた。

担当している土井先生ってどんな方だろう？と思っていた２００４年5月、国立大学法人としてスタートを切った信州大学の姿を伝えた第27号の「ＳＣＩＥＮＣＥ ＮＯＷ」というコーナーで土井先生が登場した。教員とその研究について紹介するコーナーで、取材したのは長野市の出版社オフィスエムの寺島純子氏。

まず、キャッチコピーを見て驚いた。

学生よ、教室を飛び出して米を作ろう！　土を耕し、魂を育てる五左衛門先生の人づくり

続いて本文を見て、さらに驚いた。

旧附属長野小学校の校舎を利用した研究室、入口には「信大ＹＯＵ遊世間」と書いてある。外の棚には、何十足ものゴム長。物置の裏には薪がたくさん積んである。ここが土井進教授の研究室だ。

パワーがあふれ、個性が光るページには、姿勢を正した土井先生と茂菅農場の写真が掲載されていた。茂菅農場が5年目を迎えた春…。今思うと土井先生と茂菅農場は大きな山場を越えたところだった。

この記事の前年末、土井先生は心筋梗塞で倒れ、手術、入院、そして１カ月の自宅療養をしている。

先生は１９９９年12月に「私は小作人になります」と宣言。３月に茂菅農場の開墾作業が始まると、率先して鍬をふるい、学生たちを牽引するように田畑づくりに精を出した。

その後も、農場での学生たちの活動が軌道に乗るように、土台になって活動を支えていた。先生が自ら望んだとはいえ、２００３年の年末に倒れてしまうまで、教授が担った重責、仕事量は大変なものだった。

２０００年から２００１年にサタデーからプラザへの大転換があり、担当教員だった先生は土日の活動の安全確保のために、１人で何カ所も掛け持ちして回った。２００３年にはワールド（世間）へ転換を成功させ、本業では上越教育大学の講義を持ち、附属松本小学校の校長先生を務め、さらに文科省の進めるフレンドシップ事業の先駆者として全国へ出張するという苛酷な日々を過ごしてきた。そして倒れたのだ。

限界を感じた先生は茂菅農場を閉じようと考えたという。それを聞いた林部さんはすべて了解して、こう言った。

「農場のことはすべて私と学生に任せて、先生はただ監督をしていれば、それでよろしい。農地はいったん手放すと、もう元には戻らない」

林部さんは当初「4年ぐらいかな」と思って茂菅農場のお手伝いを始めたが、土井先生の窮状を見てその荷を私が担うと言ったのだ。その後の茂菅農場は、林部さんが土台になって支えてきた。

また、土井先生にはこんなエピソードもある。

私は土井先生の後ろ姿に初めて出会って衝撃を受けた。それは、茂菅の農場に使う堆肥をつくるために、生協の生ごみを一輪車で運搬しておられる姿であった。私はこういうことをしている大学教授がおられることを知って、本当に驚いた。

それから私は、大地と関わることにこんなに熱心で、誠実に学生に接してくださる土井先生のもとで学びたいと心から思い、「YОU遊世間」の活動に積極的に取り組んだ。

（鈴木亮子「信州大学教育学部同窓会報　平成25年7月1日」より抜粋）

そんな土井先生が基礎を築いた信大YОU遊の世界の根っこにあるのは「信頼」ということなんだと、今回の取材を通してしみじみと感じている。

3年ほど前の信大YОU遊フェスティバルの開催中、土井先生から「YОU遊は、学生主体であるから、無事故なんです」と聞いたことがある。普通は逆ではないだろうか。「危なっかしくって、学生なんかにまかせてはおけない」と。

土井先生は学生たちに、無事故でなければこの活動を続けられないこと、どれだけ周りの方々にお世話になっているのかということ、決して自分たちだけでやっていると思ってはならないということを、折に触れて話していた。

「今日（フェスティバル当日）学生たちは、朝5時半にお米を炊いて朝ごはんを作って、自分たちで企画したことを責任もってやろうとしています。危険が起きたらどうするのかを考え、そのために何をしておけばよいのかを学ぶのです」

自分たちですべてやらなければならない、という緊張感が危機管理への意識を高め、小さな事故が起きたなら自分たちの至らなさを知り、それにどう対応していくべきかを学びとっていく――。

土井先生には万が一、学生が対処できないような大きなことが起きた時はすべての責任を自分が取るという覚悟ができていたから言えたことだ。

人を育てるということ、信頼するということ、覚悟するということは、同じところにあるのだなと、その姿を見て思った。土井先生が信頼しているのは、失敗をしない、事故を起こさない学生ではなく、そうしようと思っている学生の〝心〟なのだと思う。

自分のことより、子どもたちを楽しませよう、子どもたちに喜んでもらおうという学生たちの心を信頼している。

そして、ＹＯＵ遊を見守る地域の人々の中にも、土井先生と同じように学生を信頼している人々がいる。だから、学生たちはあんなにも頑張れるのだ。特に子どもたちはみんな学生たちが大好きで、大きな信頼を寄せている。

私がこの本を書くことになったのは、学校の先生方の不祥事、あまりに忙しすぎる仕事環境、モンスターペアレンツや保護者とうまく協力し合えない学校などの話を見聞きして、純粋に「先生になりたい！」と思っている中高生が不安になるのではないかと思ったからだ。そんな中高生を励ますことができる先輩たちとして、ＹＯＵ遊の学生たちを紹介できたらいいなと考えた。

実際に取材してみると、私は今まで本当の学生たちの姿を知らなかったことに気付いた。またＹＯＵ遊は、大学生のお兄さんお姉さんと子どもたちの世界であり、学校教育の場にそのままつながっていかないことも知った。教員養成の場とは別に、大学生だから実現できる特別な世界。けれどそれがきっと、これから始まる長い教員生活でも持ち続けることができる宝になるのだろうなと思う。

ルポという表現方法は信濃毎日新聞社出版部の山崎紀子さんの提案で、個人のルポなど書きなれない私は、随分とご面倒をおかけしてしまった。山崎さんから「待ちますよ」という一言をいただいた時、この本に取り組むことに心が定まっておらず、自信もまったくないという状況でいた私は本当に救われた思いだった。山崎さんから寄せていただいた「信頼感」を感じて、私は書き上げることができたと思う。

土井先生も何度か、ご自分のことを話しながら励ましてくださった。ちょうど落ち込んでいるかもしれないと思われたのか、そんなことは一言も記さないで、資料を送ってきてくださったこともあり、私は「応援していますよ」という温かいお気持ちを同時に受け取った。

取材させてもらった学生たち、卒業生の方々も、聞けば何でも話してくれ、何度も会ってくれた。聞くばかりで物語にできなかった学生たちもいるけれど、皆さんが語ってくれたから、いろいろと気付くことができたし、今回の五つのノンフィクションをまとめることができた。

皆さま、本当にありがとうございました。

感謝の気持ちを込めて、先生方、地域の方々、卒業生の方々、学生の皆さん、お話を聞かせていただいた方、本の制作にご協力いただいた方々のお名前をここに記させていただ

きます。（順不同、敬称略）

手塚亮介、太田咲、宮田巴都樹、木田達也、北野雄大、新井雅菜、北村隼一、花岡慶祐、高木淳子、小宮山翔平、田中優、成瀬貴心、渡邉玲菜、小松一成、林志桜里、柳澤美月、牧千紘、佐藤菜摘美、永原正裕、那須絢太郎、飯島香純、山口直行、白井敬、杉山雅幸、末松辰則、堀端美奈子、宮尾亘、市川香織、那須紋子、小松小百合、中谷隆秀、近藤和巳、近藤恵、倉地昭重、倉地昭子、小岩井彰、沓掛英明、上原博信、多田宇宏、金澤仁、清水秀昭、遠藤夏緒、長谷川由季、細井悠希江、新開夏実、山崎カヅヨ、鈴木いつ子、小林幸江、矢野幸子、服部直幸、高橋正輝、林部信造、林部幸子、小池健、土井進（なお、本編に登場する学生たちの名前は、既に卒業し、実社会の責任ある立場で活躍されている方もいることから、すべて仮名にさせていただいた）

おしまいにー。

「信大ＹＯＵ遊」のような、学生たちが主体になって子どもたちや地域と関わりながら学び遊ぶフレンドシップ活動が全国の大学で展開されている。２０１４年3月の全国フレンドシップ活動に参加した大学は11大学100名もいた。

子どもの教育を担う先生たちの仕事は、未来を支える。

それぞれの地域に根ざしたこんな活動が、もっと多くの場所で行われたなら…と、大きな期待を抱いている。

がんばれ、日本！

2014年11月

中山万美子

中山　万美子（なかやま・まみこ）
1964年長野県生まれ。京都の短期大学を卒業後、東京で就職。その後松本市へ転居し、NGO日本チェルノブイリ連帯基金事務局専従スタッフに。2003年から2011年まで信州大学非常勤職員（広報室）。信州大学広報誌「信大NOW」の制作は1996年の創刊時から2011年7月まで担当した。現在はフリーのライター、編集者。松本市在住。夫、子ども2人（1人は教員志望）。

帯・章扉・概要ページデザイン　近藤弓子
編集　山崎紀子

Shinmai Sensho
信毎選書 13

もっと子どもたちと遊びたい！　信大YOU遊の挑戦

2015年1月25日　初版発行

著　者　中山　万美子
発行所　信濃毎日新聞社
〒380-8546　長野市南県町657
電話 026-236-3377　ファクス 026-236-3096
https://shop.shinmai.co.jp/books/
印刷所　大日本法令印刷株式会社

ISBN978-4-7840-7242-2 C0337

Shinmai Sensho 信毎選書

価格は本体価格

001 悩むこと　生きること ——今日の視角セレクションI—— 姜　尚中 272ページ 1200円

002 知っておきたい長野県の日本一 ——「しあわせ信州」の秘密—— 加瀬　清志 224ページ 1200円

003 残したい方言 ——信州のことばアラカルト—— 出野　憲司 234ページ 1200円

004 沈まぬ夕陽 ——満蒙開拓の今を生きる中島多鶴—— 中　繁彦 310ページ 1400円

005 日本山岳紀行 ——ドイツ人が見た明治末の信州—— W・シュタイニッツァー　安藤　勉／訳 308ページ 1400円

006 浅間山信仰の歴史 ——火の山の鬼と仏と女神たち—— 岡村　知彦 240ページ 1200円

007 せんせい記者日記 小坂　真希 216ページ 1000円

008 「勘太郎」とは誰なのか？ ——伊那谷の幕末維新と天狗党—— 伊藤　春奈 280ページ 1300円

009 県歌　信濃の国 市川　健夫　小林　英一 232ページ 1200円

010 信州の鉄道物語（上） ——消え去った鉄道編—— 信濃毎日新聞社／編 312ページ 1400円

011 信州の鉄道物語（下） ——走り続ける鉄道編—— 信濃毎日新聞社／編 314ページ 1400円

012 ウェストンが来る前から、山はそこにあった ——地元目線の山岳史—— 菊池俊朗 278ページ 1300円